MAESTRÍA EN INGRESOS PASIVOS Y MARKETING EN REDES SOCIALES 2020

DESCUBRE LOS SECRETOS PARA LOGRAR LA LIBERTAD FINANCIERA EN 2020 PARA JUBILARTE JOVEN, Y RETIRARTE RICO. TU GUÍA PASO A PASO SOBRE CÓMO HACER DINERO EN LÍNEA, Y FUERA DE LA RED EN BIENES RAÍCES, Y CONSTRUIR FLUJOS DE INGRESOS PASIVOS PARA LA VIDA - INCLUSO SI ERES UN PRINCIPIANTE, Y SIN IDEAS!

PABLO AVITIA

información contenida en este documento, incluidos, entre otros, - errores, omisiones o inexactitudes.

ÍNDICE

LOS SECRETOS DEL MARKETING EN REDES SOCIALES 2020

INGRESOS PASIVOS CON INVERSIÓN INMOBILIARIA EN 2020

MAESTRÍA EN INGRESOS PASIVOS 2020

LOS SECRETOS DEL MARKETING EN REDES SOCIALES 2020

DESCUBRE CÓMO CONSTRUIR UNA MARCA, CONVERTIRTE EN UN EXPERTO INFLUENCER, Y HACER CRECER RÁPIDAMENTE TU NEGOCIO A TRAVÉS DE SEGUIDORES DE FACEBOOK, TWITTER, YOUTUBE E INSTAGRAM

INTRODUCCIÓN

Hacer Social Media es un término que ha cobrado relevancia en los últimos tiempos. Es el uso correcto de las redes sociales, aunque cuidado, Social Media Manager no es lo mismo que Community Manager y es de los primeros puntos que se aclaran iniciando este trabajo.

El concepto de usar redes sociales no es solamente regalar likes a las publicaciones e imágenes de los amigos y las celebridades; para quienes estamos en los emprendimientos y negocios, es conseguir desarrollar comunidades de éxito que sirvan para las nuevas generaciones y para lograr conversiones.

Esto de Social Media se toma como que es algo novedoso que nació con la viralización de las redes sociales, pero no es así. Desde los orígenes de la civilización la manera de lograr ser exitoso en los negocios era contando con una comunidad de contactos, eso mismo sucede hoy, claro adaptado a las tecnologías actuales.

Gracias a las redes sociales estamos regresando a los inicios, donde la confianza se gana gracias a la interacción humana y no a las relaciones impersonales.

El Social Media es una comunicación más personal, cercana con los clientes que se conecten a los sitios, estos buscan hablar, conectar con las marcas y las redes sociales permiten que se logre una respuesta inmediata.

Gracias a las comunidades, las empresas o marcas pueden estrechar relaciones con los interesados, se desarrollan enlaces entre los dos. Un cliente que se siente atendido rápidamente retorna el afecto a favor.

Administrar redes sociales no es administrar comunidades, solo es un canal donde se comunica y se le pide al encargado que publique contenido.

Las redes sociales son un gran entorno digital que ayuda a que se construya una imagen institucional y de autoridad en la mente de los clientes. Un buen

Social Media consigue que se logre mostrar autenticidad y preocupación por los deseos y necesidades.

Una vez que se gana la confianza los consumidores perciben que la marca tiene autoridad y ven los servicios que ofrecen.

Construir una comunidad de marca independientemente del emprendimiento que sea, es un gran beneficio, porque de esta manera construye relaciones y fortalece los vínculos emocionales de los consumidores, para lograr lealtad a los productos o servicios de que ofrece.

En este trabajo vamos a abordar en detalle lo que es el Social Media y la importancia que tiene este en los emprendimiento hoy en día y la manera en la que se puede aprovechar el uso de las redes sociales.

El Social Media es sumamente importante en todo lo que tiene que ver con el marketing digital, si se tiene un emprendimiento o se quiere hacer comercio electrónico en algún rubro, el contar con uno de estos profesionales aumenta las probabilidades de lograr los objetivos.

Por eso es que se describe en detalle todo lo que es un Social Media para que se considere su inclusión en el proyecto que se esté desarrollando. Un Social

Media es un estratega, se puede considerar un Seo en el campo del marketing, porque su trabajo no es solo publicar contenido bonito, su trabajo es lograr generar tráfico y causar una sensación en la audiencia.

Por eso lo describimos en detalle a continuación.

1

¿QUÉ ES UN SOCIAL MEDIA?

Comencemos por partes: qué es un Social Media, este es el profesional en el área del marketing en línea que tiene como tarea planificar y preparar las estrategias de una marca o empresa en los espectros de medios sociales, esto posteriormente es una tarea que llevará a cabo el Community Manager.

La figura de un Social Media, aparece por la innovadora importancia de las redes y plataformas digitales y hacen parte de la publicidad y el marketing. Estos profesionales requieren de una especialización cada vez más acentuada.

Social Media no es Community Manager Diferencias

¿No es lo mismo un Social Media y un Community Manager? No, no lo son. Este es un error común que cometen muchas personas, no saben diferenciar estos puestos y aunque se ven muy parecidos no lo son, necesitan trabajar en equipo, pero se diferencian en que el Social Media es quien diseña las estrategias y el contenido y el Community quien las publica y ejecuta.

Para dejarlo aún más claro. Vamos a ver las funciones de cada uno, así no habrá lugar a dudas y se sabrá de qué se habla cuando se describe cada profesional.

Funciones del Community Manager

Tenemos primero al Community Manager, quien se encarga de crear las páginas en las plataformas de Social Media que se han elegido en la estrategia previa.

Se tiene que encargar de monitorear las interacciones de los seguidores y escuchar a los usuarios respondiendo sus inquietudes y todas las consultas que realicen. Esta persona tiene un espacio de comunicación, colaboración y participación con el usuario.

Estas son otras de sus funciones:

- Redactar contenido.
- Hacerle frente a situaciones donde se pone en juego la reputación.
- Elaborar informes.
- Identificar, reforzar y cultivar las relaciones con los que influencian la marca.

Funciones del Social Media

El Social Media es el que se encarga de crear un plan estratégico para la marca, antes de hacerlo requiere que haga un estudio de mercado y buscar que cada movimiento sea en función de un objetivo. El Social Media también hace estas tareas:

- Analizar qué tan eficiente es el plan estratégico.
- Crear estrategias eficaces para el contenido.
- Coordinar las estrategias.
- Segmentar al público.
- Hacer la segmentación para el marketing persona.
- Tomar decisiones.
- Administrar presupuestos.

- Seleccionar las herramientas que se usarán para llevar a cabo las tareas.

Objetivos de las prácticas Social Media

Cuando se ha decidido empezar a trabajar en las redes sociales es importante que se tenga una finalidad para lo que se emprende y que cada movimiento vaya encaminado a un objetivo concreto y correcto.

Todas las estrategias de marketing por internet parten de saber la razón para hacer el trabajo que se hace, puede ser darle posicionamiento a una marca, mejorar la reputación, aumentar las ventas, etc.

Entrar al mundo del Social Media no es solo el darle contenido al Community y ya, es lograr diseñar estrategias para conseguir seguidores, fans, tener contenido de altísimo valor que logren resultados beneficiosos en la red.

Para lograrlo hay que saber cómo plantear los objetivos para el Social Media:

Fortalecer la marca

Actualmente se tiene en mayor o menor medida la

presencia en la red, es algo que contribuye directamente a desarrollar la marca personal o profesional.

Muchas de las interacciones que suceden en la red se dan de manera online, la manera en la que estas se usen influyen mucho en la marca personal.

Aquí de lo que se trata es de la manera en la que se pueden usar las redes para que la marca logre beneficiarse. Todos tienen una marca personal, pero no conocen siquiera lo que significa.

Marca personal es el concepto por medio del cual se proyecta a los demás su imagen, las capacidades y la personalidad, además de otros aspectos. Una marca permite crear y formar una percepción en otras personas, puede modificarse y sirve para poderse distinguir, lograr que la vean más, una mejor reputación, entre otras cosas.

Dicho todo esto, se tiene que tener en cuenta que todos cuentan con una marca, se quiera o no, aunque en ocasiones no se sea consciente de que se tiene marca.

Una cosa es tener la marca y otra saberla usar, por eso es que el Social Media trabaja en tomar las riendas de la marca personal y sacarle fruto.

Para lograr una marca sólida, se debe tener la fijación en unos objetivos para darle camino a la estrategia que se prepare y luego por supuesto a las acciones que logren lo planeado.

La marca es primordial para conseguir que se alcance el éxito. De todos los objetivos que se emprendan se tiene que marcar el que llevará a impulsar la marca hasta lograr el perfil que se desea con los objetivos planteados y con todas las estrategias anheladas.

Las redes sociales con una estrategia adecuada logran buenos resultados. Hay que tener en cuenta que cualquiera de la gran cantidad de redes sociales con las que se cuenta puede ser de utilidad, pero hay variables de acuerdo a la visibilidad, la exposición, el tipo de negocio y los objetivos, que hacen que una red social pueda ser más efectiva que otra.

Hay que dejar de pensar que por estar en cuanta red social haya ya el trabajo se está haciendo bien, la marca se basa en lograr contenido de calidad y preciso, no hacer mucho ruido y pocas nueces.

LinkedIn

Es la que tiene más relevancia para lograr fortalecer la marca en el mercado profesional, es la red por excelencia, no sirve únicamente para tener una hoja de vida 2.0, sino que logra posicionar temáticas y diferencias de los demás por los logros, experiencias y habilidades.

Con el paso del tiempo ha cobrado más fuerza, ahora es una herramienta donde muchos se fijan para conocer a profesionales, además la plataforma se ha actualizado y brinda una serie de herramientas útiles para cada usuario.

Facebook

Con esta red social se puede lograr una buena visibilidad y un buen engagement para la marca.

Sea que se use una página personal, aunque lo recomendable es utilizar una fanpage, que es la que puede enlazarse con el Instagram y además es la idónea para campañas y diversos proyectos.

Esta es la red social con más seguidores en el mundo, es un mercado rico en oportunidades, además, se ha adaptado para crear campañas interesantes que dejan buenos resultados.

Twitter

Es una red social perfecta para ciertos tipos de profesionales y para prácticamente todas las marcas, es una red que se ha convertido en una herramienta esencial para escuchar lo que dicen los usuarios de la marca.

Twitter es una herramienta estupenda para destacar la marca que está relacionada con intereses concretos, se pueden utilizar los hashtags para diversas estrategias de marketing.

Instagram

Con la red Instagram se puede ser creativo y tener capacidad para mostrar imágenes que puedan llegar a muchísimos usuarios y causar un impacto en particular en ellos.

Cada día crecen los seguidores en esta red social y cuenta con muchos elementos para llegar al público objetivo, se pueden usar historias, videos largos por medio de IGTV, transmisión en vivo, y otra serie de elementos.

Obtener más visibilidad en línea

Internet va avanzando a gran velocidad y con la inmensa cantidad de herramientas, un Social Media tiene que tener preparación constante para identificar aquellas novedades que aplican para el proyecto que tiene en ejecución.

La mejor manera de mantener un contacto constante con lo que aparece sería que se facilitara un resumen de lo más relevante pero esto no existe, pero lo que si hay son otras estrategias efectivas que ayudan a conseguir más visibilidad en línea por medio de estrategias.

Trabajar la presencia online con naturalidad

Basta de seguir atajos o trucos para lograr el éxito con el menor trabajo posible, así no es como se trabaja, gracias a la inteligencia artificial Google tiene cada día una mayor inteligencia, llegando a niveles sencillamente sorprendentes.

Ahora mismo hay acciones que funcionan, pero el día de mañana pueden dejar de hacerlo.

La importancia de usar la publicidad

Además de generar contenido de valor en las redes sociales, se tiene que contar con la estrategia de construir comunidad. Para estos casos la publicidad es una de las grandes aliadas, junto a esto se puede segmentar al nicho al que se quiere llegar, esto termina siendo algo muy rentable.

Se cauteloso con el uso de redes sociales

El ser cauteloso con las redes sociales se refiere a

utilizar solo aquellas que se puedan mantener. No por estar en todas las redes sociales se está logrando el éxito, esto puede ser algo que juegue en contra si no se atienden las redes como merecen.

Claro, el deseo es poder tener presencia en todas las redes, pero en muchos casos esto no es posible, entonces lo mejor es estar en las justas pero hacer un trabajo de calidad con estrategias que logren verdadera visibilidad.

Las redes sociales se tienen que mantener actualizadas y en movimiento constante. Asimismo no se pueden olvidar los sitios web y todas las herramientas de comunicación con que se cuente.

EL objetivo es sacar el mayor provecho posible de la capacidad para comunicarse y crear canales entre el usuario y la marca.

Finalmente una recomendación a tener en cuenta es el email marketing, como Social Media se pueden diseñar estrategias de Email Marketing para complementar las estrategias que ya se estén haciendo en las redes sociales.

Aunque no se crea una red social puede tener un lapso de vida útil, si esta quema su etapa y toda la estrategia depende de dicha red, podría afectar drásticamente, pero si se cuenta con una buena base de datos, se puede seguir llegando a la audiencia por medio del email marketing.

Conectar con la audiencia

Esta es la gran inquietud cuando sale una marca y un Social Media quiere darla a conocer. ¿Cómo conectar realmente con la audiencia?

Para responderlo está la tarea de analizar cada una de las redes sociales para desarrollar el lenguaje que se va a utilizar y los contenidos que más demandas tienen, las frecuencias con las que publican, entre otros factores.

Poder desarrollar unas buenas estrategias de marketing requiere de una dedicación entregada y mucha especialización. Un Social Media requiere personas que analicen a la audiencia, lograr contactos, diseñar contenidos que sean de valor y sabe cuál es el mejor momento para publicar y alcanzar más visibilidad.

Más allá de lograr visibilidad, hay que captar a la audiencia por medio de contenidos que sean de mucho valor, además se debe tener a la persona ideal para que responda a las inquietudes posterior a la publicación.

Hay que satisfacer las necesidades y mostrar una imagen profesional, ayudando a generar confianza para lograr posicionamiento por encima de otros del mismo ramo.

Es la única manera para lograr que se aumenten los seguidores y las estrategias empiecen a dar resultados.

2

ESTRATEGIAS BÁSICAS PARA TENER EN CUENTA

*L*as metas sociales deben resolver desafíos

Las redes sociales no son iguales entre ellas, esto es importante saberlo para poder hacer metas que resuelvan desafíos. Hay que diseñar estrategias de acuerdo a la red social con la que se trabaje.

Un ejemplo: con Facebook se ha hecho necesario diseñar campañas de publicidad para lograr más visibilidad; con Twitter se tiene un foro profesional para debatir temas interesantes y relacionados a la marca.

Las redes sociales son canales que ayudan a conectar con la audiencia, pero hacerlo efectivamente exige que se hagan estrategias entretenidas, historias y temas que tengan sustancia, que capten, que no sean más de lo mismo.

Gracias a la gran variedad de redes se puede explotar mejor una historia para contar. Cuando se tienen varios perfiles de una marca, se puede contar una historia en Facebook, y desarrollar la misma historia pero adaptada a Twitter y sus pocos caracteres. Pero mejor aún, se puede hacer una transmisión por periscope de un evento en vivo, un Facebook Live, historias de Instagram, Messenger de Facebook, son tantas las opciones, solo requiere de creatividad para lograr una presencia importante en las redes sociales.

Las novedades constantes y los cambios en el algoritmo de redes como Facebook o Instagram pueden terminar siendo un calvario para las organizaciones que aparecen en las redes. Hay que mantener a la comunidad con publicaciones creativas y constantes, si se deja de hacer le sale caro a la posición de la marca.

Otro de los grandes dilemas que ha tomado a los empresarios y emprendedores de los últimos tiempos es el estar conectado las 24 horas del día, los siete días de la semana, es lo que todos ven como lógico, claro, un comentario puede llegar en cualquier momento, hay que contestarlo.

¡Error!

Estar el día entero en las redes no es ser efectivo, por ello cuando se hace el cronograma lo mejor es establecer un horario para que el Community haga las publicaciones y atienda a la audiencia.

Las redes sociales deben agregar agregan valor

Las redes sociales son un pilar del Social Media para hacer cualquier estrategia de marketing. Más allá de la presencia de la marca que se crea, las redes sociales ayudan a captar clientes y aumentar los seguidores.

Las redes sociales son un complemento para captar clientes, porque aquí se crean estrategias donde se llega al usuario de una manera cercana y directa y se puede interactuar con ellos.

Contenido atractivo

En muchos sitios en internet dicen tips para crear contenido de valor, dan muchas estrategias y aunque todos varían con unas y otras formas de hacerlo, terminan coincidiendo en algo que es totalmente cierto: el contenido es el rey.

El mismo es elemental para las empresas o las marcas, este tiene que tener concordancia con el mensaje que se tiene que dar, pero hay algo que es importante, debe ser armonioso para que los interesados se fijen y se queden leyéndolo hasta el final.

El tiempo de lectura en las redes sociales es rápido, es decir la persona escanea y detiene el ojo en aquello que realmente le interesa, y es mucho lo que ignora.

El usuario se detiene en la imagen que le atrapa, el título que llama su atención, es una publicación que lo invita a dar clic de inmediato, un buen Social Media, consigue generar contenido que atrapa el interés en redes.

Se puede llamar totalmente la atención con títulos innovadores, la manera de lograr esto es logrando un título con algo de picante hay que imaginar qué es lo que puede atrapar a un usuario, algo que le cause impacto. Un truco puede ser el redactar con el método de la pirámide invertida, es decir mostrando lo más sustancioso al inicio y que se respondan las 5 preguntas esenciales del periodismo: Qué, cómo, cuándo, dónde y por qué.

Luego se va desarrollando hacia lo menos relevante.

La información realmente vital se debe leer en los primeros dos párrafos y ya luego se va desarrollando el resto del contenido.

Si se va a hacer contenido para un blog se debe considerar colocar un sumario que es un pequeño resumen de lo que se espera en la nota.

Todas las personas quieren datos, estadísticas y números, nada es mejor que poner en una nota links o información para conectar con redes sociales o contactos que al usuario le pueda interesar.

El contenido de valor tiene que ser original, nada de copiarse de las estrategias de la competencia, el generar contenido similar hará que el usuario se consiga con contenido duplicado, pero si haces que sea realmente verdadero, el usuario vivirá una experiencia inolvidable, hay que crear textos que en ningún otro lado existan, diferentes, con una personalidad de acuerdo a la marca.

Algo que es rico en estos nuevos modos de escribir en los medios es que se puede jugar con los géneros literarios, pero lo mejor de todo es que no hay necesidad de casarse con un solo género, en un escrito se puede jugar con frases, leyendas, historias, crónicas, entrevistas y todo lo que pueda enriquecer ese contenido para sacarlo de la normalidad.

Sucede lo mismo con las redes sociales, para hacer que una publicación resalte por sobre las demás, entonces se debe colocar un testimonio, un juego, una adivinanza, un acertijo, lo que sea, la idea es que se juegue con la audiencia y se interesen por la comunicación que se les quiera mostrar. Es la mejor manera para fidelizarlos.

Oportunidades de negocio a través de redes sociales

Se han hecho estudios donde se ha comprobado que el 17% de los internautas han usado las redes sociales para conseguir un servicio determinado. Pero la pregunta es saber cuántos hablan sobre temas que se relacionan con productos o marcas, las personas invierten bastante tiempo en las redes sociales, según estudios pasan por lo menos 70 minutos al día en las redes sociales cada día, este es el tiempo que las empresas tienen que aprovechar para mostrarles sus servicios y productos.

Participar en lugar de ignorar

Las redes sociales han transformado el modo de comunicar en las empresas y se ha establecido una cercanía con el usuario.

Muchas empresas usan las redes sociales como herramienta para llegar a sus clientes, la idea de las redes es llegar a ellos y generar nuevos usuarios.

Cualquier empresa que incursione en las redes, tiene que conocer la importancia de interactuar con los clientes a través del Social Media.

En este momento, internet es el protagonista del mundo tecnológico, con él han ido tomando la misma importancia las redes sociales, estas cuentan con más de 900 millones de usuarios en todo el mundo y es un número que aumenta día a tras día.

Por dar un ejemplo, en España el 75% de las personas con acceso a internet tienen redes sociales y acceden a ellas con frecuencia. Dice que tres de cada cuatro usuarios se conectan a las redes.

La empresa tiene que tener en cuenta que las redes sociales como Twitter, Facebook, Linkedln influyen en muchísimas personas, es algo que no puede ignorarse y hay que tomarlo en cuenta para no quedarse atrás, ya que sus clientes actuales y los que vengan hacen uso de las redes.

No es solo estar presente con un sitio web, sino participar en las redes sociales, actualmente es ya imposible ver la vida sin la presencia de ellas. Esto se ha convertido en un verdadero flujo de información para las empresas.

Ahí los usuarios comentan las experiencias que han vivido con varios productos. Se pueden conocer las necesidades y los gustos de cada uno de ellos.

Esto también permite que se pueda evaluar toda la información que se está manejando en las redes sociales. Y saber si hay errores para corregirlos y adaptarse a lo que se está demandando, es decir esta es una información que vale oro. Los clientes son el centro de atención de la organización.

Todo emprendedor, empresa o persona que ofrezca algo y espere una receptividad de un usuario, tiene que saber que este es el centro de atención, todas las acciones que se lleven a cabo tienen que encaminarse a satisfacer la necesidad de ellos, ya que se tiene que tener presente que el cliente ha desarrollado más poder, incluso con las marcas.

Cuando se tiene esto en cuenta, lo clave es lograr que se tenga la satisfacción del cliente, la manera de hacer esto es logrando una verdadera relación entre la empresa y el cliente.

3

PRÁCTICAS FUNDAMENTALES PARA EL ÉXITO

*M*edir y Analizar tus estrategias en Social Media (métricas)

Un buen marketing es el resultado de un trabajo óptimo en la medición de datos, es analizar la manera de tomar decisiones inteligentes y lograr estrategias idóneas para alcanzar las metas.

El objetivo de medir las métricas en redes sociales no es solo justificar las estrategias que se hacen, sino hacer mejoras constantemente, es por eso que te contaremos las métricas en redes sociales para tenerlas en cuenta si se quiere comer el mundo de internet y lograr que el marketing funcione a la perfección.

Seguramente se puede pensar que es más importante

la calidad de los seguidores y su nivel de engagement que la cantidad, y en parte se tiene razón, es mejor contar con fans fidelizados que tener muchos que no te hagan ni caso.

Vamos a poner un ejemplo: se quieren conseguir más conocedores de una marca, hay pocos fans fidelizados, si la estrategia empleada no hace que estos fans crezcan entonces no se está logrando hacer una buena red de contactos.

Hay que revisar que la red funcione para saber enfocar la estrategia en el Social Media.

Hay que ponerse imaginativo, por ejemplo se gestiona por diez meses una fanpage de Facebook, un canal de YouTube y una cuenta en Instagram, pero al revisar se ve que hay 4000 nuevos seguidores en el fanpage pero en las demás redes no hay más que 400 seguidores.

Esto permite conocer que la estrategia de fanpage si funciona, pero que en cambio se tiene que replantear la estrategia en las otras redes. Hay que retribuir el trabajo invertido en los canales, a lo mejor es más importante invertir más esfuerzo en el fanpage para garantizar el crecimiento de la comunidad en el canal.

El alcance

Medir el alcance que ha tenido una publicación, permite saber cuántas personas han sido alcanzadas con la estrategia.

Es importante conocer el alcance que no se calcula solo con el número de seguidores que han visto la publicación, se tiene que medir con la audiencia de la audiencia, esto significa por los seguidores de los seguidores o los contactos de los contactos.

El alcance no solo permite medir el número de los usuarios que han visto la publicación, sino que además permite saber si los seguidores también la han visto.

El engagement es muy importante medirlo, esto da una idea del nivel de influencia que se está teniendo por sobre las personas de la comunidad a la que se llega.

La interacción que tengan los seguidores con lo que se publica es una muestra del valor que le están dando a la misma. Si se comparte mucho, se sabrá que están interesados en el contenido y que confían en él.

El nivel de engagement permite conocer la manera

en la que se involucra la comunidad y cómo reacciona ante las acciones y contenidos.

Las menciones en redes sociales

La cantidad de menciones que hagan los usuarios en las redes sociales es una manera buena de medir la popularidad de la marca. Esto permite saber quién habla de la marca y qué es lo que dicen exactamente.

Hacerle seguimiento a las menciones de los usuarios aportará información muy valiosa:

- El nivel de compromiso de los usuarios con el contenido que se publica.
- Saber si los usuarios consideran a la marca o persona una referencia a seguir.
- Saber el momento ideal para compartir el contenido en las redes sociales.
- Si los seguidores le ha gustado un contenido en específico.
- Si los seguidores les gusta determinado producto o servicio.

Conversiones

La concersión es uno de los pasos más ansiados. Ninguna estrategia es total si no se mide el número de conversiones, es decir los clientes que han comprado.

La mayoría de las acciones deberían centrarse en cautivar a los seguidores de la marca y llevarlos por medio del funnel de ventas para que terminen siendo conversiones.

Conseguir que los usuarios tengan confianza en la marca y se conviertan en clientes de ella es de las grandes metas que se quieren lograr.

Utilizar Plugins para sacar el máximo provecho

Las redes sociales han cobrado una gran popularidad en los dueños de sitios webs y especialmente de Google, gracias a las muchas extensiones y funciones que están a la mano para mejorar la experiencia y el contenido.

Esto se llaman los "botones sociales", permiten redes sociales como Facebook, Instagram o Twitter, Se pueden integrar botones en los sitios webs, para que los visitantes puedan compartir el contenido dentro de las redes. De cara al SEO esto es importante de acuerdo a la captación de tráfico social.

Primero aparece la vista del artículo, luego la información de este y al final aparece el botón de cada red social. Para esto se usan plugins.

Hay que aprender a usar los plugins porque el abusar de ellos puede terminar poniendo lento el sitio web y perjudicando la experiencia del usuario.

Aunque hay pluggins que te recomendaremos para que se utilicen en WordPress con los cuales se puede compartir el contenido en las redes sociales como Facebook y Twitter.

Estos complementos generarán botones sociales para que los usuarios puedan compartir fácilmente el contenido con los amigos en sus redes personales.

ShareThis

Este es uno de los plugins más populares, se encuentran presentes en más de un millón de sitios. Tiene una alta personalización y ofrece para que se pueda compartir directamente en Facebook.

Sharebar

Este es un plugin que permite contar con una barra flotable que tiene botones sociales para compartir los artículos. Es fácil de personalizar y además permite tener orden y las redes sociales que va a usar.

Sociable

Este es otro de los botones que es muy bueno y que también es gratuito. Tiene buenos diseños y un contador para poder conocer cuántas veces se ha compartido el artículo en una determinada red social.

Crear y Administrar un Calendario realmente útil y efectivo

Contar con un calendario es realmente útil y efectivo, se tiene un cronograma de los momentos en los que se van a hacer publicaciones y se evitan los momentos en blanco donde no se sabe qué publicar.

Tener un calendario editorial para redes sociales permite hacer un trabajo con planificación y bien elaborado.

En las redes sociales puede publicar cualquier persona, pero bien lo pueden hacer solo los que lo hacen con un plan y quienes piensan en detalle la estrategia que quieren implementar.

Antes de comenzar a publicar se tiene que hacer una fase de análisis previa. Esta fase es clave para que luego las empresas no anden frustradas porque no lograron los objetivos.

Para saber cómo hacerlo, toca conocer los lineamientos paso a paso, hacer un calendario editorial para publicar en redes; un calendario editorial es básicamente un calendario de publicaciones en redes sociales. Esto quiere decir un documento en formato de plantilla que permitirá:

- Saber qué publicar en redes sociales.
- Cuándo hay que hacerlo.
- En cuál red social.

Esto quiere decir, que el calendario editorial para las redes sociales es como un mapa de ruta para saber en qué momento se tienen que hacer las publicaciones y qué tipo de fechas se tienen que tener en cuenta para las acciones más concretas.

El calendario de las redes sociales es el santo grial del Social Media, este tiene que estar asociado con los objetivos de marketing de la empresa.

Por esto es que la planificación debe ser imprescindible dentro de la profesión. Ahora se tiene que saber cómo hacer un calendario editorial para redes sociales paso a paso.

Cómo hacer un calendario editorial para redes sociales

Un error común que cometen muchas personas a la hora de hacer un calendario de redes sociales es que publican por publicar.

O sea, saben que tienen que publicar una cantidad determinada de veces entonces publican algo para llenar el espacio o esperan a que les llegue la inspiración publican y ya.

¡Craso error!

El calendario editorial exige un análisis previo para que tenga éxito. Este análisis exige:

Auditoria de redes sociales

Cuando se va a hacer cualquier tipo de calendario el primer paso es hacer una auditoria de redes sociales. Hay que analizar el proyecto propio y el de la competencia para poder conseguir datos interesantes como:

- Cuál es el mejor tipo de contenido que funciona.
- Cuáles son las mejores horas para publicar.
- Con qué frecuencia hacerlo.

Al momento de hacer un calendario editorial por, ejemplo para una red social como Instagram, se puede usar Metricool, esta herramienta permite saber cuáles son las mejores publicaciones en Instagram de la competencia. Información muy valiosa.

¿Quién va a ver lo que se publique?

Hay que saber para quién se va a publicar. Conocer el tipo de personas a la que se va a dirigir, esto determinará el tipo y tono en las publicaciones.

También se sabrán los elementos, como emoticones y hasgtags. Es saber tener claridad en la publicación que se va a hacer.

Si no se tiene claridad se debe estudiar la analítica de las redes sociales. Por ejemplo en el caso de Facebook si se va a una fanpage y se selecciona la estadística y personas se podrán conocer a los fans.

Definir el objetivo de las publicaciones

Ahora se deberían tener claras las metas de las publicaciones. Algunos objetivos pueden ser:

- Generar tráfico Web.
- Lograr leads.
- Aumentar las ventas.
- Branding.
- Engagement.

No se puede olvidar que las fechas especiales son momentos ideales para lograr más conversiones. No se deben olvidar, toca incluirlas en el calendario editorial de redes sociales.

Por ejemplo, en las fechas navideñas, lo normal es que las marcas ofrezcan ofertas relacionadas con la época.

Analizar los tipos de publicaciones para redes sociales

El otro paso es que se marquen las fechas más importantes a nivel global y a nivel del sector, por ejemplo, estos son los días a considerar en tu calendario:

- Reyes.
- Año nuevo.
- Rebajas
- Carnavales
- San Valentín.
- Día de la madre
- Día del padre.
- Día de la mujer.
- Día del niño.
- Navidad.
- Etc.

Tipo de formato

Algo muy importante es elegir el tipo de formato a la hora de hacer un calendario de publicaciones. ¿Qué se va a publicar? Hay que saberlo, no es publicar por publicar, cada publicación tiene que tener un objetivo, un por qué, eso garantiza que cada uno de los contenidos genere una sensación. Cuando se publica por publicar el usuario lo nota y se aburre. Dentro de las opciones de publicación están:

- Infografía
- GIF
- Vídeo
- Vídeo en directo
- Texto
- Encuestas
- Imagen

Qué se va a publicar

Viene ahora determinar el tipo de publicación que se va a utilizar. Cuando lo ha elegido, basado en lo antes descrito se prepara y se mantiene, se puede hacer amparado en el calendario de publicaciones y dado que hay tanta variedad entonces se eligen diversos tipos de contenido, así la red se mantiene dinámica e interactiva.

Preparar el copy para las publicaciones

Ahora que se sabe el tipo de formato y la publicación que se va a utilizar, se tiene que redactar el contenido.

Al momento de hacer el copy para las redes sociales, es clave saber a qué personas se dirige.

En función de ello se debe determinar el tipo de contenido y los emojis que se pondrán.

Sin importar el copy que se use tiene que ser muy atractivo, que el nicho al que va dirigido se sienta cautivado por ese contenido que se le está ofreciendo. Que provoque leerlo o verlo, es generar una sensación en el público, atraerlo, cautivarlo y finalmente convencerlo sobre nuestro objetivo.

Seleccionar los hastags que se van a usar

Esto es decisión, si se van a usar hashtags en las publicaciones, dependiendo de la red social de la que se esté hablando, los hashtags tienen usos particulares, así que se tienen que determinar cuántos y cuáles van a usar en la publicación.

La propia marca puede generar unos, así cada publicación siempre estará encadenada a ese hashtags y llegará al público y podrá enlazarse con el tipo de publicación y si alguien está interesado en conocer más acerca de la marca solo con darle clic podrá conocer toda la información que se ha publicado a través del tiempo.

Cuándo se va a publicar

Se debe establecer cuánto y cuándo se va a publicar. Esto se define con el calendario, recordando que cada publicación debe tener una meta y no solamente llenar el espacio.

El momento en el que se publique tiene que tener premeditado la espera de reacciones además de likes, comentarios y respuesta a lo que se ha publicado para un objetivo en específico.

Finalmente, cómo ha funcionado el contenido

Un error común es montar el contenido y luego no medir el alcance, el engagement, ni si se han alcanzado los objetivos. Se tiene que conocer el rendimiento de las publicaciones.

Cada que se monta cualquier contenido hay que ver si este causó el impacto que se esperaba si es mejor o peor y evaluar qué ha gustado y que no y hacer mejoras, para en las próximas publicaciones hacer los ajustes y cada vez tener publicaciones con más impacto.

Crear contenido que funcione mejor que cualquier otro que esté circulando

Hay que pensar en grande y generar contenido que funcione y sea mejor que otro al que esté circulando en ese momento y pertenezca a la competencia.

Si se genera contenido original y que rompa los estereotipos va a ser mejor que cualquier otro que circule en ese momento.

Crear contenido potente

Para crear contenido potente hay que centrarse en ideales básicos:

Contenido de relevancia

Las noticias del momento en el rubro en el que se trabaje son una buena opción, se pueden tomar y reescribirse bajo el prisma propio de la marca. Se hace un post que no sea muy largo. No siempre se tiene que empezar desde la nada o inventar la rueda, si hay una historia interesante y actual la gente conectará con ella.

Consistencia

Cuando se es consistente con las publicaciones y el contenido, la audiencia sabrá qué esperar y cuándo hacerlo. La gran estrategia es publicar contenido en días específicos de la semana y a horas similares.

Se pueden hacer hashtags semanales que la comunidad busque y comparta, es algo que se da muy bien en redes como Instagram, Twitter y Pinterest. Se pueden poner consejos, trucos, e información día a día. Hay que hacerlo con creatividad, diversión, descarado y creativo, pero sobre todo siendo consistente.

Engagement

El trabajo es el de estimular el deseo y que actúe la audiencia, la estrategia que se use determina los objetivos y la creatividad.

Las imágenes y videos son uno de los mejores recursos para conseguir engagement instantáneo y es una gran oportunidad para el público y para compartir en el círculo de amigos.

Se puede dar valor, ofrecer cosas, crear promociones o alcanzar una interacción, a cambio la audiencia responde.

Hay que asegurarse de compartir contenido único en cada plataforma de Social Media, no todo lo que se sube a Facebook debe estar en Twitter y viceversa.

Credibilidad

Entre más cohesivo se sea mejor será el enfoque, más credibilidad se logra. Una manera de hacerlo es dando consejos, recomendando, suministrando información sobre la industria, incluyendo a la competencia, hay que hablar de los eventos, de lo que pasa en la comunidad, dar análisis e información de valor, pero todo sin olvidarse de dar información real de la marca.

4

SOCIAL MEDIA Y COMUNICACIÓN

*E*l contenido es esencial

El usuario es quien tiene la corona y por ello hay que darle contenido de alto valor, así este decide conectar, leer y comprar.

El contenido es un recurso muy importante para una marca, es el valor agregado y distingue a una marca de otra.

La calidad de la información influye en la credibilidad de la marca, porque cuando se visita a un profesional o a una empresa y se conversa con la persona, se conocen sus productos, los servicios, la rama a la que se dedica, las dudas y la velocidad de acción.

Hay que conocer qué transmite, cuando una persona entra en una página web de una empresa pero no tiene contenido interesante, esto puede afectar a la reputación de la marca.

Actualmente los medios de comunicación masiva, tiene en los mensajes un gran peso para el desarrollo social, económico, político religioso y cultural.

Actualmente gracias a la influencia y el potencial de los dispositivos y redes sociales, se puede ampliar y viralizar cualquier información a cualquier hora y lugar, para que la información llegue a cada rincón del mundo.

Determinar si el contenido genera valor

Al momento de crear contenido y filtrar, es importante que todo el contenido que se da, aporte valor a la vida del usuario, por ello es importante generar estas inquietudes:

- ¿Es segura la fuente de información y es confiable?
- ¿Hay suficiente información para ofrecer un contenido completo a los seguidores?
- ¿La información se redacta de manera fácil para que los usuarios la entiendan?

- ¿Se da suficiente información que ayude a entender o aclarar dudas?

Entiende la comunicación como un diálogo, no como un monólogo

La comunicación lo dice la misma palabra, es hablar, conectarse, no es decir un largo discurso. Todo lo que se comunique tendrá respuestas positivas y negativas. Felicitaciones, críticas, contenido que se comparta. Si se tiene previsto, se puede plantear el mensaje como el inicio para intercambiar, demostrar apertura y preparar respuestas para mandarlas a la red mientras se reciben feedbacks.

Céntrate en las redes sociales donde está tu audiencia

Como se dijo antes, no es la idea de estar en todas las redes sociales, sino en las redes donde la audiencia está centrada, así se le dedica más tiempo y se le aporta valor. Hay que averiguar los lugares por donde se mueve en internet y las redes sociales.

Hay que hacer una selección y asegurarse de enviar los mensajes de comunicación con estrategia para esos medios. Hacerlo con la asiduidad que se haya planeado en el calendario.

Contenido fácil de compartir

El contenido tiene que ser fácil de compartir, los textos tienen que ser simples y con estadísticas, material visual, esquemas, tablas y todo lo que pueda generar comunicación estratégica.

En muchas ocasiones se ha visto contenido de una marca que provoca compartirlo de inmediato porque genera una emoción en nosotros, un ejemplo, la publicidad en video de Coca Cola, ellos desde siempre han causado una emoción, en internet circulan muchos videos que la gente comparte y viraliza.

Si se da una vuelta por YouTube hay muchas publicidades de la cerveza Heineken que es llena de humor, los mismos usuarios han hecho compilaciones de ella y otras.

Ese es el tipo de contenido al que debe apuntar una marca, que provoque compartirlo y que sea fácil para el usuario hacerlo.

Personaliza, busca el tono adecuado y trabaja por encontrar tu voz

Se tiene que trabajar personalizando el estilo, con un tono adecuado y con una voz original, no hay que imitar a la competencia, sino buscar la esencia de la propuesta e intentar transmitirla con fidelidad en todas las intervenciones.

La competencia tiene que ser inspiración, porque al final del día se recurre a explotar emociones, pero esto es como con la literatura, se puede contar la misma historia en mil versiones diferentes, las novelas de amor son la misma historia, pero se cuenta distinto, así es con la publicidad. Se dice la misma historia de muchas formas. Por eso la competencia es solo un modo de inspirarse para luego con la personalidad de la marca crear el propio contenido, nada de copias, eso lo nota el usuario y le resta mucha ética al negocio.

Filtra, agrupa y selecciona la información que te llega procedente de otras fuentes

Se debe hacer un trabajo de orfebre con las herramientas para procesar lo que llega de otras fuentes, una recomendación es que se usen herramientas como Feedly, es bastante simple de usar y se puede combinar con otras herramientas para lograr mejores resultados.

5

CONSEJOS ESPECIALES PARA SOCIAL MEDIA

*D*iseña una estrategia enfocada a la conversión final

Hay muchas maneras de hacer una estrategia de marketing digital, cuando se navega por la red a lo mejor resulta abrumador ir de un lado a otro buscando información múltiple que puede hasta contradecirse. Un emprendedor que va empezando necesita con más premura de las redes sociales para darse a conocer.

Establecer metas medibles

En el marketing es posible definir el objetivo que se emplea cuando comienza una estrategia. Para los negocios que nacen algunos de los objetivos son:

Generar conciencia de marca: es lograr que más personas conozcan la marca y que lo que ofrece sea más conocido.

Generar leads: es llegar a personas que nunca antes han comprado y hacerlas ir por ese camino de concretar una compra.

Crecimiento de compradores: Es lograr que los clientes se fidelicen y compren con más frecuencia.

Lo ideal para definir estos objetivos es que se especifique una métrica para cada estrategia, por ejemplo:

- Tal cantidad de leads en 6 semanas.
- Un porcentaje determinado de un producto nuevo en seis meses.
- Un porcentaje de seguidores en redes luego de un par de meses.

Conocer a la audiencia

Ya sea que se haga para generar leads, ganar clientes o conciencia de marca, la manera más fácil de hacer esto es construir lo que se llama "buyer persona" esto consiste en describir grupos de compradores potenciales y clasificarlos en relevancia de importancia, se tienen que seguir estos pasos:

- Hay que pensar en quiénes son los clientes y agruparlos en grupos.
- Hay que tomar grupos y crear personas que describa cada uno de ellos.
- Hay que asignar un nombre, actividades y una personalidad.

Luego de haber logrado todo esto ya se cuenta con una idea bastante clara de lo que se quiere abordar en internet, hay que preguntarse cosas como:

- ¿Cuál es la información demográfica que se tiene?
- ¿Cuál es el empleo que tiene y desde hace cuánto tiempo lo tiene?
- ¿Cómo es un día de su vida?
- ¿Tiene puntos débiles? ¿Cuáles son? ¿Qué ayuda a resolverles?
- ¿A qué le tienen más valor? ¿Cuáles son sus objetivos?
- ¿A dónde van para conseguir información?
- ¿Cuáles son las objeciones comunes de ese producto o servicio que tienen?

Este es un ejemplo:

Deportes Inbound es un negocio que transmite los

beneficios de hacer deportes y mantenerse en forma, ellos tienen tres grupos que quieren abarcar:

- En el primer grupo a personas que no han hecho nunca deporte.
- El segundo grupo es para personas que conocen y hacen vida deportiva pero quieren introducirse más en esta práctica y desean participar en todos los eventos que hacen.
- El último grupo es para empresas que quieren mejorar la calidad física de sus empleados por medio del deporte.

Se debe definir la propuesta de valor

Hay que definir al comprador, las personas que darán el paso por cada grupo. Cada uno debe responder a las siguientes preguntas:

¿Qué problema resuelve el negocio? Visto desde la perspectiva del comprador, la idea es definir qué necesidad puntual tiene y lo que se hace para resolver, ahí se ve la propuesta de valor.

¿Cuáles son los beneficios distintivos que ofrece el negocio? Se deben definir unos cinco beneficios que tiene el comprador cuando escoge los productos o los servicios, en vez de ir con el competidor.

¿Cuál es la propuesta de valor? Esta es una gran pregunta y une a las anteriores, plantea la necesidad y aquello que hace única a la marca y a la forma de resolverla.

Este es un ejemplo:

Patisendero es un negocio que busca ofrecer carreras guiadas en patines para las personas locales y turistas que no conocen a fondo la ciudad.

El público objetivo que tienen son los usuarios que gustan de los patines y que quieren recorrer la ciudad con esta empresa, viviendo una experiencia distinta.

La necesidad: alquilar patines y ser guías para que conozcan el nivel medio y los alrededores de la ciudad.

Beneficios de Patisendero: son patines de alta gama y una guía altamente entrenada para recorrer los mejores senderos de la ciudad.

Propuesta de valor: Recorridos únicos alrededor de la ciudad por los mejores pasajes para patinadores de alto nivel.

Analizar la competencia

La competencia no solo es la que ofrece el mismo producto o servicio, en el marketing hay dos tipos de competencias:

Los competidores directos: son los que ofrecen lo mismo que ofrece la marca, sea producto o servicio.

Los competidores indirectos son los que ofrecen diferentes productos o servicios pero compiten con el mismo espacio o presupuesto que ofrece nuestra marca.

En cualquier caso, el análisis de la competencia implica que se hagan actividades como el hacerle una visita a la competencia para analizar los costos, el tráfico de los clientes, su perfil, la reputación, la antigüedad y satisfacción, la cantidad de empleado, la presencia de los dueños y todo lo que sea necesario para conocerlos mejor.

Hay que enfocarse en el análisis de la competencia a nivel digital, esto es útil para determinar cómo es un sitio web y las redes sociales, igualmente se tienen que analizar los líderes del mercado de acuerdo a lo que ofrecen y su perfil, finalmente hay que ver si valdrá la pena ver las fortalezas y debilidades.

El análisis de la competencia es un paso intuitivo y esencial para descifrar a la competencia y tener una visión clara de lo que necesitan ofrecer y lo que está en boga.

Este es un ejemplo:

Se pueden tomar cinco competidores y se plantean las preguntas allí colocadas para cada uno, así se tendrá una idea para afinar mejor el marketing digital.

Prepararse para medir resultados

Cuando se hace una estrategia de marketing digital es clave que se pregunte si los resultados que se esperan conseguir pueden ser medidos. Esto permite que se haga seguimiento y se ajusten en pro de lograr buenos resultados.

Corresponde que se mida si los objetivos que se hicieron en una estrategia se están cumpliendo o no.

Este es un ejemplo:

Alejandro hacer panes desde que tiene memoria, la abuela le enseñó el arte desde que era muy pequeño, Alejandro trazó la meta de tener un sitio web donde la gente se sintiera atraída y buscara conocer los trucos para hacer los mejores panes en un corto periodo de tiempo y así lograr ser reconocido.

Construye tu comunidad

El construir una comunidad en redes sociales es esencial para lograr el éxito. No se logra solo estando presente y activo en las plataformas, sino por medio de la creación de una comunidad alrededor de la marca.

El gran objetivo es lograr presencia en las redes sociales, construir una relación que sea de confianza con el público y los seguidores.

Para poder fortalecer la conexión con la audiencia se tiene que lograr un enlace donde se alcance fortaleza con los clientes y para poderlo lograr es necesario que se tomen en cuenta estos consejos:

Escuchar al público objetivo

Hay que escuchar al público objetivo, es como se haría en el mundo offline, donde se consiente a los clientes, en este caso se hace pero online. Se escucha lo que dicen, este es un factor importante para mejorar la comunicación a dos vías:

Emisor – Receptor, Empresa – Público.

Cuando se hace se pueden hacer los ajustes necesarios para llegar con mejores mensajes a ellos, para ofrecerles información de alto valor y también para al final alcanzar conversiones o seguidores, este es nuestro objetivo final. Se les consiente a cambio de resultados.

Crear una estrategia de contenidos

Ya se sabe en líneas generales lo que le gusta a una comunidad, lo que quiere conocer, oír, basado en eso se crean estrategias de contenido que el público quiere leer y compartir con otros.

La estrategia de contenidos siempre debe variar, por eso un Social Media puede crear campañas, promociones, ofertas por fechas específicas del año, todo lo que considere para mantener esas redes activas constantemente y aumentar las posibilidades de generar ganancias y triunfos.

Buscar y participar en las conversaciones

Ahora que se está produciendo contenido de calidad y la comunidad en redes sociales lo comparte y disfruta, entonces es el momento de interactuar, conversar y responder a todos los comentarios que hagan las personas, estos se sentirán valorados por la marca y logrará tener una mejor fidelización.

Por lo general los usuarios preguntan precios, tamaños, quieren aclarar dudas, es en estos momentos donde se interactúa con ellos se debe adoptar un tipo de lenguaje, no es hablarle de un modo hoy y de otro mañana, esto le resta seriedad a la marca, pero hacerlo desde una personalidad fija le da prestigio, además el cliente que conoce la marca ya sabe el tipo de respuesta que va a recibir.

Monitorear las actividades

Cuando se ha formado la comunidad en redes sociales alrededor de la marca se ha dado un gran paso, pero el trabajo no ha terminado, ahora es que faltan algunos pasos importantes.

Hay que monitorear las actividades, desde que se publica ver cómo va el proceso, cómo es el impacto, a qué hora se da más interacción, comentarios, preguntas. Esas son las horas buenas para publicar y atender a los usuarios.

Monitorear es un momento de alto valor para la marca, es parte de garantizar buenos resultados.

Plan de gestión de comunidad en redes sociales

Es escuchar al público, compartir contenido de valor y con mucha calidad, participar activamente en las conversaciones y hacer crecer la comunidad alrededor de la empresa o marca.

Las redes sociales ofrecen ahora encuestas donde el usuario puede actuar, responder sí o no, elegir opciones, y regalar diversos comentarios, esto es oro puro para quienes quieren saber cómo piensa la audiencia, porque le da información de altísimo valor para luego usarlo en las campañas. Hay que aprovecharlo al máximo.

Segmenta bien a tu audiencia

La audiencia hay que segmentarla, no se puede ir por todos, la audiencia objetivo es el público o personas a las que se dirige para lograr el máximo posicionamiento. Hay que tener en cuenta una serie de factores que afectan a ese grupo de personas, lo único que tienen en común esas personas es el interés por el contenido, los productos y servicios.

La segmentación de la audiencia tiene poder en el marketing digital, tiene un rol muy importante en el proceso para entenderla mejor. Si bien esta estrategia de segmentación permite que se personalicen mejor los contenidos que se quieren dirigir al público específico. Entre más se segmente el público mejor será la estrategia de venta. En base a esto, se puede decir que hay una infinita cantidad de segmentos. Hay varios tipos de segmentación que son las que se usan siempre:

Demográfica

La segmentación demográfica es de los más simples tipos de segmentación y de los más usados. Quienes están en este medio lo usan para llegar al público adecuado en el uso de los productos, la segmentación por lo general divide al público en función de las variables: edad, género, ingresos, ocupación, religión, raza, nacionalidad, etc.

Origen o fuente de adquisición

La fuente de adquisición de tráfico a los canales se ha convertido en una herramienta de alto valor cuando se habla de querer entender a la audiencia.

Es por medio de la cual un usuario encuentra un sitio web, esta información permite que los expertos en marketing sepan cómo las audiencias objetivo se conectan con el contenido creado.

Hay varias fuentes de tráfico, esta categoría se puede dividir en otras categorías tales como parámetros de campaña, email marketing, anuncios de display y tráfico directo.

Comportamiento

Este es un tipo de segmentación que divide a la audiencia en función de su comportamiento, estilo de vida, tendencias en la toma de decisiones, un ejemplo: los nadadores tienden a usar muchos equipos y productos para asearse antes y después de entrar a la piscina, versus los que no son nadadores. El marketing de marca se ajusta a temporadas del año, como Navidad, cuando los consumidores gastan más.

Resultados

Es un tipo de segmentación que ofrece mucho valor a las marcas, puesto que les permite analizar los resultados alcanzados por sus actividades de marketing.

La segmentación se divide por diversas calificaciones de los clientes para comprender mejor los niveles de satisfacción con el contenido producto.

La información luego es usada por el Social Media para crear mensajes más personalizados que sean aún más relevantes en cada segmento.

La segmentación de mercado se basa en resultados y

se enfoca en oportunidades reales para ganarle a la competencia.

Conocer los diversos tipos de audiencia que componen la audiencia objetivo, ofrece un camino a los esfuerzos del marketing. Lo que se quiera posicionar está alineado con los intereses del público de una manera orgánica y estratégicamente efectiva.

Apóyate en la publicidad online

La publicidad online es un sector en permanente cambio, los buscadores modifican sus algoritmos constantemente y las tendencias de los mercados se mueven, así como los gustos de los usuarios, salen nuevas tecnologías, todo cambia siempre. Esta es una publicidad que siempre es novedosa.

Tienen una serie de factores que hacen imposible poderse mantener inmóvil y hacer las cosas de la misma manera, en la publicidad digital es estar a la vanguardia y construir mejores estrategias, esto requiere de formación constante y desarrollo de acciones en base a experimentos y pruebas testados en la vida real. Es la única forma para poder conseguir campañas de publicidad en internet más atractivas para el negocio.

No te olvides de la medición y el análisis

La medición y el análisis no se deben olvidar nunca, es de las funciones más importantes que hacen los que se dedican al Social Media. Se trata de medir la actividad que se lleva a cabo, conocer el alcance de las acciones, saber si lo que se está haciendo funciona o no y darle el valor de presencia en redes sociales, esto es parte vital del trabajo.

El retorno de inversión es la relación entre los costos del plan de acción y los beneficios. En el modelo tradicional se verían los efectos positivos como ver páginas vistas o visitas, quiénes entraron recurrentemente, las conversiones, las ventas.

Para el Social Media es más adecuado medirlo en términos de alcance, engagement, y sentimiento que se dan en las redes sociales. Es así porque en estos entornos el objetivo es crear una comunidad fuerte, poderle dar visibilidad a la marca y buen servicio al cliente, además por supuesto generar ventas.

Para recabar datos de lo que se hace en redes sociales, se pueden usar herramientas como Hootsuite, SocialMention, estadísticas que da Facebook, Buffer, Google Analytics, Custom Social Media Reports, entre otras, estas muestran los datos y después se puede valorar para seguir avanzando.

Dependiendo de los resultados que arroje y el análisis que se haga, se puede tomar una decisión fundamentada, se puede ajustar el presupuesto en caso de que sea necesario y se sabrá si es necesario cambiar algún punto de la estrategia inicial.

CONCLUSIÓN

Cuando se habla del Social Media como estrategia de marketing, se habla del entorno en el marketing digital y se refiere a las estrategias que se hacen para lograr el éxito en las redes sociales.

Para poder establecer la relación que se puede crear entre el marketing y el Social Media es poder conocerlos a ambos como acabamos de recorrerlo en este contenido.

Desde hace muchos años se ha hablado de marketing, se abrazaba en el término mercadotecnia, y hacía las tareas para aumentar el comercio y cubrir la demanda.

Pero los tiempos cambian y esto pasó a ser Social Media, que hace referencia a quienes ejercen las labores necesarias para poder colocarse en los primeros lugares de venta, por medio de estrategias para generar tráfico, dar a conocer la marca, ganar más usuarios y por supuesto obtener más ventas.

El Social Media tiene una gran importancia como estratega, Han evolucionado a lo largo de estos años y se ha desarrollado una red entrelazada en la que las prácticas para aumentar los negocios se ha introducido en las plataformas online.

En estas los contenidos no son solo de los usuarios, sino de particulares que quieren comunicarse, de marcas y empresas que han encontrado interesantes comunidades para venderles el producto.

Llegados a este punto se dispone a aprovechar las oportunidades que representan a las redes sociales para los negocios. Hay que aplicar con eficacia y analizar las redes sociales, no olvidando que cada una de ellas tiene sus propias características y son fuertes en determinados aspectos, cada una usa su propio lenguaje y tiene en cuenta cuáles son los objetivos del emprendimiento.

Si se quiere conseguir visibilidad, ser notorio, ganar reputación, hacer negocios, se deben seleccionar las adecuadas y establecer las pautas de publicación, la periodicidad, el contenido, la forma, todo lo que influye en el mensaje final.

Lo que sucede en el marketing se tiene que evaluar constantemente para confirmar el logro de los objetivos y en caso de necesitar ajustes hacerlos a tiempo para poder alcanzar las metas.

Se trata de un trabajo que de seguro dará buenos resultados si se hace correctamente.

Actualmente gran parte de la comunicación es por medio de Social Media, es por esto que el gran poder que tiene, se puede aprovechar para generar un impacto en las marcas y llegar al consumidor final.

Sabiendo todo esto, solo queda hacerse Social Media o contar con uno en la empresa, para que los objetivos que se tengan planeados los lleve él y logre alcanzar las metas trazadas y aumentar considerablemente las conversiones.

INGRESOS PASIVOS CON INVERSIÓN INMOBILIARIA EN 2020

LA GUÍA PRÁCTICA PARA PRINCIPIANTES PARA RETIRARSE TEMPRANO A TRAVÉS DE LA COMPRA-VENTA RÁPIDA DE INMUEBLES (FLIPPING HOUSES), ALQUILER DE PROPIEDAD, Y LA COMPRA DE BIENES RAÍCES COMERCIALES Y RESIDENCIALES.

Mientras más avanza el siglo XXI no adentramos cada vez con más velocidad en la era en que el ser humano se plantea con mayor ahínco la idea de progreso, la idea de salir de la zona de confort y perfilarse como un gran empresario, esto es una cualidad maravillosa que nos ofrece esta era en particular, sin embargo, uno de los grandes planteamientos de la sociedad actual y en particular esta expresión de la sociedad de la que hablamos, es decir lo que están dispuesto a romper el molde y salir de la burbuja del estancamiento, vendría a ser, ¿en qué puedo invertir?

Esta podría ser la parte en que esta idea de progreso se nos pueda convertir en cuesta arriba, la indecisión por una parte, producto de la inseguridad normal que podría surgir por el sano temor de no hacer las cosas incorrectamente, y correr con la mala suerte de perder tu tiempo y posiblemente el único dinero con el que podrías contar para hacer las inversiones que le den el vuelco a tu vida.

Cómo dominar el negocio de bienes raíces es la guía precisa para que, si te estás haciendo este tipo de interrogantes como por ejemplo la ya mencionada ¿en qué puedo invertir? indudablemente, se requieren una serie de características o cualidades para incursionar en este negocio que no solo históricamente a ha sido muy productivo, sino que uno de los mejores beneficios resulta justamente eso, que se trata de una fuente inagotable de recursos comerciales a futuro.

La población está constantemente en un proceso de crecimiento inevitable, por ello a medida que va pasando el tiempo seguiremos encontrando mayores y mayores oportunidades en el mundo de bienes raíces, tiempos en los que ya el hombre está perfilándose conquistar el espacio y convertirlo en objeto de explotación turística, sería iluso pensar que el negocio de bienes raíces podría estar en vías de extinción, por el contrario, está en vías irremediablemente de expansión.

Y estas cualidades de las que hablamos tienen una característica que son sumamente ventajosas, entre ellas una importantísima, y no es otra cosa que, no requieren ser totalmente innatas, que de hecho son cualidades que puedes desarrollar con algo de esfuerzo en muy poco tiempo.

Aquí encontraras esas características, y la información que requieres para introducirte satisfactoriamente en este fantástico mundo de negocios como es el negocio de bienes raíces, te invito a que te pongas cómodo, toma papel y lápiz y prepárate para que logres ampliar toda la información que requieres en este sentido y decidas de una vez por todas incursionar en un fantástico negocio, que seguro estoy puede cambiar completamente el rumbo de tu vida.

1

ASPECTOS GENERALES

*B*ienes raíces, un negocio que en definitiva ha sido la mejor manera salir adelante de un selecto grupo de personas, y que en definitiva es un negocio que podría hacerte rico, si, y no es exagerado al decirlo, sin entrar en detalle por el momento sobre este particular, bastaría solo con mencionar que, un alto número de personas que le han entregado apasionantemente su vida a este modelo de negocio, han logrado objetivos verdaderamente increíbles en sus vidas.

Nombre muy sonados en este medio, de aquellos que lograron acumular verdaderas fortunas con este modelo de negocio, podríamos mencionar personas como: Rodrigo Niño, Gerald Cavendish, Robert

Kiyosaky, Donald Bren, y sin duda no puede dejar de mencionarse el presidente de los Estados Unidos, Donald Trump.

Estos, entre muchos otros, son un gran ejemplo de la gran capacidad de crecimiento en el ámbito financiero y de negocios que puede proveer este modelo de negocios.

Hablar de propiedades y bienes raíces como modelo de vida o de negocios no es algo necesariamente moderno, históricamente, ser dueño de una propiedad o tierras, y poder negociar o administrar de alguna forma el poder es una completa realidad.

Desde los tiempos de la prehistoria, cuando nuestros antes pasados aun Vivian en cavernas, no todos tenían el privilegio de tener una para sí, de manera que ese sentido de pertenencia estaba ya arraigado en cada individuo en particular, todo aquel que contaba con un espacio que le brindara de alguna forma cobijo contra los estragos de la naturaleza y los depredadores, defendía su espacio de ser preciso, con la vida.

La idea de propiedad privada no es algo para nada nuevo, revisando los anales de la historia egipcia, encontramos que una de las maneras de acumular el poder por parte de los faraones era sin duda alguna hacerse dueño de las tierras en su totalidad, incluso de las piedras que se utilizaban para la construcción de las propiedades eran objeto del absoluto control de dichos faraones, estos por su parte otorgaban la tierra como ellos quisieran generalmente a modo de recompensa a ciertos funcionarios, con la salvedad de que no podía ni venderlo ni dividirlo, solo podría dejarlo en herencia, pero siempre con la posibilidad de recuperar dicha tierra cuando él lo quisiera.

Es que desde la historia, las posesiones son una representación de alguna manera de poder, las riquezas siempre han estado cuantificadas en función a las posesiones, y estas por siempre han sido símbolo de grandeza y en algunos casos incluso de autoridad.

Así fue la constante en el proceso histórico del tema de las propiedades, en aquellas estructuras políticas de carácter monárquico, era esta monarquía, en la representación directa de la figura del rey, quien se adjudicaba todo el derecho de propiedad a su nombre, y eran estos exclusivamente los que mane-jaban la distribución del mismo, salvando el hecho de que en cada estructura monárquica en diferentes contextos (geografía o era histórica) podría tener alguna variabilidad en la forma de funcionamiento de cómo se haría la administración pertinente de dicho rubro.

En la actualidad, la figura ha mutado, se ha cambiado la figura del rey por el concepto de nación, las tierras son administración de cada nación, y sus formas de manejarlas podría variar de un contexto a otro, sin embargo, casi que en cualquier cultura moderna la tierra es un bien de libre acceso, la regulación funda-mental que podría manejar el estado, es el derecho de que las tierras como tal sean exclusivas del espacio territorial que compone dicho estado.

La idea de propiedad privada entonces no es una idea moderna, pero es en nuestro contexto moderno que hemos visto una lucha más ardua por el respeto a tener acceso a la posibilidad de la propiedad privada, y es así como este mercado ha tenido un gran auge hasta el punto de permitir que muchos grandes hombre y mujeres puedan acumular grandes fortunas gracias a este modelo de negocio.

Aunque los modelos de negocio de bienes raíces son muchos y muy diversos, la estructura del mismo radica en la idea de la adquisición de tierras, o propiedades para construir edificios, casas, bodegas u otro, o de otra manera podría ser también la adquisición de dichos inmuebles en estado útil para el mismo fin.

Pero insisto, no está limitado a este estilo, las formas de manejar o desarrollar un negocio de bienes raíces puede ser de amplia variedad, estos pueden ser representados de acuerdo a ciertas características que detallaremos en seguida.

Bienes inmuebles

En primer lugar los bienes inmuebles está directamente referido a la característica principal, que se trata de algo absolutamente estático es decir que es inamovible, en este caso nos estamos refiriendo específicamente a la naturaleza misma del bien en cuestión, como el suelo, aunque no cabe duda que en un futuro no muy lejano podría tratarse incluso de un número mayor de elementos naturales que podrían ser objeto de explotación de este rubro, podrá verse cómo asuntos de ficción, sin embargo es bien sabido que empresas de gran capacidad científica y financiera están desarrollando la posibilidad de hacer inversiones espaciales con fines turísticos, empresas como SpaceX se encuentra realizando labores en función de desarrollar la posibilidad de crear un modelo sustentable donde se pueda en teoría, ir de vacaciones al espacio, este proyecto que ya ha dado pasos importantes asegura que en cien años la humanidad habrá conquistado el planeta rojo.

Sin duda que la naturaleza del negocio ira evolucionando con el paso de los años, otro de los elementos aparte del suelo es incluso el subsuelo, pues es utilizado sin duda alguna con fines altamente comerciales como la elaboración de tranvías entre otros.

Bienes muebles

Los bienes muebles se trata específicamente de aquellos que si pueden ser movidos o trasladado de su lugar, pero con característica importante está el hecho de que en dicho cambio de lugar no altere o afecte de ninguna manera la naturaleza de dicho objeto ni el inmueble de origen, estamos hablando de elementos como artefactos de cualquier naturaleza, elementos decorativos, incluso, algunas empresas están desde hace algunos años logrando mudar si es preciso la propiedad (construcciones enteras) como tal sin que esta sufra daño alguno.

Beneficios del negocio inmobiliario

Evidentemente la cantidad de beneficios que se desprende de un negocio tan sensacional deben ser muy elevadas, de lo contrario su auge no sería el que históricamente ha tenido, pero vamos a puntualizarlos para que tengas una visión más objetiva del porque resulta tan productivo incursionar en un mundo como el de los bienes raíces.

- *Constante crecimiento de la población:* si existe una excelente ventaja de este negocio indudablemente debe ser esta, la extinción de este negocio podría estar seguramente atada a la extinción de la humanidad, pero mientras exista vida en esta tierra existirá clientes para este negocio.

A diferencia de otros negocios que también podría catalogarse de alta productividad, una característica fundamental de los bienes raíces es que el derecho a una vivienda es una de las necesidades básicas del ser humano, por lo tanto en los niveles que sea, los bienes raíces representaran siempre una buena opción de negocios, es por decirlo de alguna manera, una fuente inagotable de negocio.

- *Versatilidad:* por lo antes dicho podemos mencionar también el alto nivel de versatilidad que ofrece este modelo de negocio, no se trata de un negocio rígido que este atado a una sola estructura de trabajo o una sola manera de sacar provecho, si no que existen variados mecanismos que, dentro del mismo área puede otorgar la posibilidad de ganar dinero, veamos algunos ejemplos.

Ventas: día tras día son cientos la cantidad de persona que desean vender sus inmuebles y es a través del negocio inmobiliario que deciden llevar a cabo su objetivo, aportando así grandes beneficios a la industria de los bienes raíces.

Alquileres: igualmente, existen ciertos patrones de comportamiento social por medo del cual el mercado del arriendo se ha tornado en un magnifico negocio en la actualidad, y dentro de este solo tema podríamos mencionar varios nichos que generan una magnífica fuente de negocios en el ámbito inmobiliario, como arriendos para estudiantes, el sector turismo y sus múltiples temporadas de vacaciones, oficinas, gimnasios y un muy largo etcétera.

Avalúos: estamos hablando de aquel servicio que

algunos profesionales ofrecen, estos se encargan de evaluar el costo real que puede tener una propiedad del carácter que sea para fines de alquiler o venta, este es un servicio muy solicitado por ejemplo por las entidades bancarias que sirven de prestadora para las personas que deciden adquirir una vivienda o bienes de otras características.

- *Bajos costos de inversión:* en efecto, por el modelo de negocios que representa, donde en realidad el sector inmobiliario podría iniciar como un canal o puente que hace un enlace entre un posible cliente y un posible vendedor, los gastos de inversiones son mínimos ya que no tendría, si así lo decide, que comprar productos que vender como en otros nichos, aunque sin duda empresas inmobiliarias ya consolidadas en el mercado podrían hacer inversiones muy significativas, no es esta una necesidad inicial sino más bien este sería producto del primero.

Ciertamente el negocio inmobiliario es un negocio altamente fructífero que, con baja inversión, puede ser el negocio que definitivamente cambie tu vida para siempre, claro, no significa esto de ninguna manera que no haya un precio (quizás altos o no, todo depende de cada quien), todo requiere un esfuerzo, en el caso inmobiliario existen varios precios que hay que pagar pero de ellos estaremos hablando más adelante.

2

CLAVES PARA TRIUNFAR EN ESTE NEGOCIO

*N*uestro contexto histórico se caracteriza por una cualidad interesante, y esta es que nos encontramos profundamente conectados, el nivel de información moderno se mueve a la velocidad de la luz, de manera que las novedades no están limitadas a un área geográfica específica, sino que, el conocimiento está a la orden del día.

Por ello el progreso es un tema que es conocidos casi que por todo ser humano con una media de educación, cada día estamos al tanto de los logros de modelos de negocios exitosos, y mucho están al tanto que el progreso es una realidad que nos puede alcanzar a todos.

Por lo antes dicho encontramos otra característica importante en la sociedad de hoy, una cantidad innumerable de personas que desean salir de su zona de confort y atreverse a emprender en un área que pueda brindarles la posibilidad de crecer en todo ámbito, es decir, en lo personal, en lo familiar en lo económico, etc.,

Y ¿Qué es la zona de confort? La zona de confort no es otra cosa que esa pequeña área delimitada por la mente que de alguna manera te ofrece algún tipo de estabilidad, es el área donde todo "funciona bien", donde no corres ningún peligro, esto dicho en términos de logros individuales y personales, es decir es el empleo que te da cierta estabilidad, la compañía que le resta espacio al enorme hueco que brinda la soledad entre otros.

Sin embargo existe un pequeño "gran" problema, la zona de confort es un área que no te permite crecer, que no te da la oportunidad de explotar tus capacidades y desarrollarte como persona a fin de lograr el objetivo que quizás sueñes en la vida, de manera que, sí, existe un gran peligro con la zona de confort y no es otra cosa que lo que acabamos de mencionar, la incapacidad de desarrollarte como persona y llegar a ese estado emocional que podemos llamar plenitud.

Dada esa circunstancia, encontramos una característica muy popular hoy en día, y es una enorme masa de personas que sueña con emprender y salir de la zona de confort, pero estas mismas personas tienen todas, una interrogante en común, ¿Qué puedo hacer?; lamentablemente en nuestros sistemas educativos nos enseñaron datos tan importante que solo perduraron en el grado que cursamos, pero que luego en la vida no nos sirvió absolutamente para nada más que tener un poco de información ocupando nuestra cabeza, pero nunca se incluyó alguna materia que hablara de emprendimientos, y menos aún, como emprender en un negocio que resulte exitoso.

Para muchas personas pareciera que ningún negocia podría ser verdaderamente efectivo, muchos están seguros que no nacieron para emprender en la vida, incluso llegan a defender la zona de confort como el lugar y el estado en el que realmente necesitan estar, incluso lo enseñan a sus hijos, ¿cuántas veces no escuchamos a un padre asegurarles a sus hijos que estudien para que tengan una profesión y así lleguen a ser alguien en la vida?, pareciera que es el estudio el que te da el valor de ser alguien.

No se trata de ninguna manera de algún tipo de

apología contra la deserción estudiantil, por el contrario, estamos justamente hablando de estudiar, de aprender, cualquier negocio que emprendas en la vida realmente es funcional, solo requieres tener el camino correcto para que finalmente eso que vayas a emprender sea algo que realmente funcione.

Tal es el caso de lo que nos ocupa en este momento como es el caso de los bienes raíces, desde luego que es un negocio completamente, no solo rentable, sino que podría ser la gran oportunidad de triunfar en la vida y llegar al punto donde quieres y debes llegar para poder asegurar de manera objetiva, que ya eres una persona completamente realizada.

La importancia de estudiar

Cualquiera sea el área que decidas tomar como mecanismo para desarrollar un buen negocio, requiere de una buena formación para minimizar la posibilidad de fallar en el intento (aunque las fallas siempre podrán estar a la orden del día), el área de bienes raíces sin duda que no es la excepción; el hecho de ser una persona con el mejor carisma y las mejores intenciones para emprender, no son para nada garantía de que el negocio vaya a funcionar, se hace completamente preciso que asumas con total seriedad el negocio que nos compete para poder sacar el mejor provecho.

El empirismo es un camino largo y tedioso que puede llevarnos por verdaderos dolores de cabeza y quizás frustraciones, pero, si contamos ya con un gran numero de escuelas donde ya algunos que han transitado por ese camino te pueden ahorrar el viaje, sin embargo, veamos las razones objetivas sobre porque es necesario prepararse oportunamente en el negocio de los bienes raíces.

- *La calidad del cliente:* en pleno siglo XXI con los avances del tipo que tenemos y la accesibilidad a la educación, y desarrollo del ser, un trabajador de bienes raíces debe estar a la altura, es imprescindible tener un buen nivel de conocimiento para enfrentar al cliente objetivo de nuestro negocio, y asegurarnos que cubra sus expectativas.
- *Los avances dentro del mercado:* todo negocio, del modelo que este sea, está en constante evolución, y el nicho de bienes raíces no es la excepción, cada día surgen avances interesantes que debes mantener en consideración y mantenerte actualizado por

tu bien dentro de la industria, y por el bien de tus posibles futuros clientes.

- *Manejar con fluidez el lenguaje:* y no se trata necesariamente del idioma como tal, en realidad se trata de los diferentes lenguajes que se aplican dentro del mundo de los negocios en general.

Un profesional no debe ser experto en todo, pero sin duda que si tiene que saber de todo, de manera que debes tener buenos conocimientos en asuntos legales, en temas de mercadeo, marketing web, urbanismo entre otros.

Es casi una garantía que considerando lo antes dicho estarás dando el primer paso que requieres para perfilar al mundo de los negocios, y sin duda serás un buen prospecto para alcanzar el éxito en el tema de bienes raíces para ello permíteme darte algunas recomendaciones.

Conoce tu mercado

Uno de los caminos inevitables para llegar al éxito dentro del nicho de bienes raíces, se trata sin duda alguna de conocer cada día más tu mercado, debes mantener actualizada toda la información necesaria para poder estar dentro del mercado con eficacia; toma nota de los siguientes consejos:

1. *Procura toda la información relacionada a tu mercado:* no se trata solo de hacer un estudio, más aun, debes mantener un constante estudios, de las características del contexto en el que se desarrollara tu negocio de bienes raíces, ampliar el conocimiento del radio de acción, los métodos del resto de agencias de tu zona de trabajo, asuntos relacionados con el tema de la ley entre otros.

2. *Arguméntate sobre tus clientes:* debes realizar un buen análisis de tus posibles clientes, cual es la manera más efectiva de llegar a ellos, pero más aún, actualízate respecto a aquellos interesados en vender sus inmuebles o en su defecto alquilar para que vayas creando tu carpeta de trabajo.

3. *Conoce a tu competencia:* debes desarrollar la buena capacidad de conocer tu competencia, estar al tanto de sus estrategias y métodos de alcanzar objetivos, aunque tu enfoque debe ser siempre superarte a ti mismo jamás en una buena idea subestimar a la competencia.

Es preciso que tengas un panorama lo más amplio posible para tener una perspectiva clara de tus posibilidades dentro del mercado, así podrás evaluar la cantidad de esfuerzo que debes dedicar a tu propósito en cuestión y elaborar así tu estrategia de trabajo, pero para tener un buen conocimiento de tu negocio debes considerar los siguientes aspectos a evaluar para tener la información que en realidad requieres para tus fines empresariales.

- ***Datos sobre oferta:*** la oferta inmobiliaria debe ser tu principal objetivo, pues esta es tu materia prima, la demanda en cuestión la determina la necesidad que pueda tener la población de la zona elegida de adquirir vivienda o propiedad del carácter que sea, una de las formas de acceder a esa información es estudiar la demografía de dicha zona, pues ella te arrojara los datos estadísticos sobre ofertas y demanda en dicho nicho.
- ***Análisis de propiedades:*** ya tienes el cliente, ahora necesitas el producto, de manera que debes lanzarte a la búsqueda de esos posibles bienes que sean objetos de oferta tanto para la venta como para alquiler, las casas que se

encuentren en remate, embargos y otros, debes ampliar tu carpeta de inmobiliarios.

- *Acceso a los suelos:* la única manera de lograr cosas grandes, es pensar en grande, ya debes ir chequeando esos lotes que puedan estar en venta, siempre será bueno hacer este tipo de inversiones en los que más adelante puedas construir "tu futuro".

- *Analiza la dinámica económica:* la manera más eficaz de lograr un buen enfoque en tu mercado, es conocer de manera objetiva cuál es la capacidad financiera de tu zona de mercado, de esa manera podrás crear lo estándares necesarios para llevar a cabo un negocio que resulte verdaderamente efectivo.

Todo lo mencionado anteriormente es el primer paso para poder iniciar un negocio no partiendo desde un sentimiento emocional, sino con bases científicas y objetivas, una vez haya logrado establecer tus propósitos propuestos anteriormente, debes dar el siguiente paso, es hora de elaborar una estrategia que resulte eficaz acorde con los datos recogidos por el primer plan.

Elabora un plan

Ahora requieres una planificación estratégica como acabamos de mencionar, debes basarte en toda la información que de manera rigurosa has logrado obtener aplicando cada uno de los concejos previamente señalados.

Lo primero que debes evaluar es el público objetivo de manera que puedas determinar cuál sería el medio más eficaz de llegar a cada uno de ellos y las propuestas financieras que debes tener a la mano para iniciar productivamente tu negocio, sin embargo esto es solo un pequeño paso, existen también una serie de consejos que te pueden orientar si estas iniciando y careces de mayores conocimientos en el área inmobiliaria.

- *Asesórate:* lo primero que debes hacer es aliarte a un mentor que cuente evidentemente con un alto nivel de experiencia para que te pueda orientar en los principios necesarios, las fortalezas y las debilidades del mercado en cuestión y así absorber todo el aprendizaje que requieras de tu nicho.
- *Alista tus herramientas:* indudablemente la tecnología es la primera herramienta que debe hacerse un asesor inmobiliario, el

equipo computador y un teléfono celular en los tiempos actuales es absolutamente necesario para tener un buen seguimiento de tus posibles clientes.

- ***Desarrolla tu imagen:*** debes tener ya elaborado en tu mente lo que será tu imagen corporativa, por ello debes pensar desde ya en construir tu marca personal, para ello debes confiar en un buen equipo de diseñadores y asesores de marketing que te ayuden a elaborar la estrategia publicitaria acorde con tus necesidades.

Tener una marca personal es un punto clave ya que ella será el rostro de tu empresa, pero no solo esto, tener una marca personal te brindara beneficios altamente positivos:

- Genera impacto positivo y le brinda credibilidad a tu empresa.
- Te ayudara a crear tu propia comunidad basada en aquellos que se identifican con tu propuesta de acuerdo a sus propias necesidades.
- Es un fiel reflejo de la personalidad que quieres impregnar en los demás.

- Te ayuda a meterte en el mercado, de manera que te conviertes en un referente en el nicho que estas manejando.

- *Inicia una difusión:* una vez alcanzado el propósito anterior comienza a crear toda la bulla que sea necesaria, ahora es preciso empezar a contactar a tus potenciales clientes y empezar a impactar a toda tu zona y comunidad con tus fantásticas propuestas y soluciones a los problemas o necesidades inmobiliarias de estos.

Tener presencia on line

En medio del contexto histórico, cultural y económico en el que nos encontramos inmerso, seria sino iluso, una enorme pérdida de tiempo no aprovechar esta inmensa herramienta que nos brinda la era tecnológica, los beneficios que ofrecen esta herramienta como por mencionar alguno, la rapidez y la economía, se hace sin duda alguna una de las herramientas más versátiles para lograr tu objetivo, estas son algunas de las ventajas que te puede brindar hacer uso del marketing de tu empresa a través de la herramienta más útil de la modernidad como lo es internet.

- *El alcance es enorme:* una de las ventajas indudablemente de este medio es su carácter universal, solo necesitas evaluar cuál es tu mercado objetivo y en ello te enfocas sin importa la distancia horario, idioma ni ninguna otra barrera, todo está resuelto.

- *Capacidad de segmentación:* como ninguna otra herramienta comunicacional en la historia, lograr segmentar tus intenciones publicitarias es una enorme ventaja, ya que debes enfocar todo tu esfuerzo y las posibles inversiones en campañas en el sector preciso que quieres llegar, es decir, estamos en la era de atacar solo a mi público objetivo y dejar de perder tiempo en aquella metodología de lanzar la red en cualquier parte a ver que se pescaba, con esta herramienta puedes ir directo al grano.

- *Puedes medirlo:* sin duda otro de los grandes beneficios pensando en ahorro y efectividad es la capacidad de medir la efectividad de tu campaña en tiempo real, de manera que sin gastar toda tu inversión puedes observar si de verdad estas siendo efectivo y detener para reorientar la estrategia de tu campaña.

- *La economía:* la multiplicidad de mecanismos

y medios a través de la web que puedes utilizar te permiten elegir incluso cuanto quieres invertir en tu campaña publicitaria, con buen manejo de un conocimiento promedio aunado a la orientación de un especialista en la materia, estamos hablando que puedes realizar campañas publicitarias desde cero en inversión hasta el costo que tu o tu presupuesto decidan, pero lo más importante con un alto nivel de efectividad.

La versatilidad de este medio para realizar tu campaña efectiva, a fin de darle un crecimiento efectivo y sustentable a tu proyecto de bienes raíces, proviene de la multiplicidad de herramientas a través de la cual podrás llevar a cabo este propósito:

- Un blog bien estructurado o página web, cabe destacar que en este sentido también la inversión podría ser muy baja, ya que se encuentran versiones interesantes, si bien algunas podrían salir gratis también encuentras opciones muy económicas y altamente profesionales a tu disposición.
- Redes sociales, sin duda las consentidas del momento, con una buena estrategia y buena

asesoría, puedes crear contenidos con esta herramienta que te ayude a posicionarte en el nicho que estas ocupando.

- Posicionamiento web, es decir aumentar el posicionamiento de tu página a través de un mecanismos conocido como "SEO" (search engine optimization), esto se logra a través de contenido adecuado para que se convierta en los primeros resultados de los motores de búsqueda on line.

Son estos solo unos pequeños ejemplos de la capacidad y versatilidad que te puede otorgar el uso de la herramienta más poderosa en la actualidad para colocar a tu empresa a sonar dentro del mercado.

Marketing inmobiliario on line

En primer lugar aclaremos una cosa, ¿Qué es marketing?; pretender iniciar un negocio en el dominio que sea, requiere indudablemente entender, y más aún, dominar este término como la palma de su mano, es que, es el marketing la compañera de vida que llevara tu empresa a posicionarse en el mercado y convertirte definitivamente en competencia, el marketing se trata de la serie de técnicas que tienen como objetivo lograr de manera efectiva la comercialización de tu producto.

Los métodos de estrategias del marketing, han sido diversos durante la historia, sin embargo como hablamos hace momento, la estrategia que mueve el mundo de los negocios en la actualidad es el marketing a través del mundo web, esto por los motivos que acabamos de mencionar son la mejor opción que puedes tener, se dice muy popularmente en la actualidad que el que no está en internet en realidad no existe, sin duda existen otros métodos que podrían ser efectivo de acuerdo a tu público objetivo, pero sin duda, es este medio a través del cual vas a lograr objetivos en mejor tiempo y con mayor efectividad.

Captación de inmuebles

Esta es tu materia prima, es tu fuente de ingresos, entonces debe empezar cuanto antes a realizar la captación de esos inmuebles que se convertirán en el medio con el que efectivamente comenzaras a monetizar en este nicho, a fin de cuenta todo se trata de eso, monetizar, de manera que es momento de ponerte manos a la obra, presta atención a los siguientes consejos.

- *Elabora un buen plan:* no es realmente

productivo lanzarte a la calle a pescar sin un plan estratégico, define tus metas, piensa en tus objetivos claros, y en función de esos objetivos avanza.

- **Se selectivo:** estar iniciando en el negocio podría plantearte una tentación de aceptar cualquier propuesta sin evaluar los pros y sus contras, evalúa con detalle cada una de las propuestas hechas y elige aquellas que se ajustan a tus objetivos y metas específicas.
- **Concéntrate en las personas:** el inmueble es un objeto inanimado que no te aportara en sí mismo, el verdadero aporte está en el dueño del inmueble, de manera que debes concéntrate en él, debes ser un estratega para lograr una buena negociación que se ajuste a los estándares del mercado pero que te brinde el mayor dividendo posible.

Por ultimo debes desarrollar una imagen de confianza con el dueño del inmueble, podemos llamar esto la post-captación, diseña una estrategia de comunicación y mantén a tu cliente al tanto de todos los pormenores del inmueble y de los progresos de tu negociación, haz lo que sea necesario para que este pueda tener la garantía de que puso su propiedad en las manos indicadas.

Para ello se hace necesario mantener un programa semanal de trabajo que incluya este tiempo de mantener contacto y sobre todo desarrollar una gran empatía con ambas parte de tu negociación, toma en cuenta todos estos detalles, y prepárate para triunfar en este maravilloso negocio.

3

LAS VOCES DE LOS EXPERTOS

*U*na de las maneras de minimizar la posibilidad de errores en este negocio y en cualquiera definitivamente es escuchando la voz de los expertos, por ello, vamos a dedicar este apartado para evaluar los consejos de algunos gurú del mundo de los bienes raíces cuyas experiencia indudablemente puede resultar altamente positivas y enriquecedoras en nuestro camino hacia el éxito en este negocio.

Tai lopez

Tai lopez es un excéntrico emprendedor, su gran experiencia en el mundo de los negocios le da una gran fortaleza a la hora de enseñarnos algunos consejos prácticos para este tipo de negocios, aunque él mismo confiesa que antes del negocio inmobiliario ya estaba inmerso en otros tipos de negocios (tema que podríamos tomarlo como un consejo) no deja de mencionar las bondades del negocio inmobiliario.

Su principal consejo es que puedes iniciar dentro de este mundo con poca inversión, de hecho ha elaborado una estrategia en la cual puedes adéntrate dentro del mundo de bienes raíces sin dinero que, según cuenta éste, ha servido y dado grandes resultados a muchos de sus seguidores.

"comience con poco y no utilice todo su dinero" aconseja el magnate, de acuerdo a sus mismas palabras, nadie puede asegurar que en su primera negociación tuvo su mejor resultado, es completamente necesario aprender cosas puntuales como, aprender a leer contratos, asesorarse lo más que pueda con un equipo de especialistas, y desarrollar un ojo clínico para amarrar los mejores negocios, en todo caso esto solo viene como producto de la experiencia.

Grant Cardone

Tras salir de una rehabilitación por su adicción a las drogas, este ahora multimillonario del mundo de bienes raíces, construiría todo un verdadero imperio en tan solo cinco años.

Este apunta a no renunciar a tus sueños, pero sobre todo debes pensar en grande, tener una mente estrecha según la opinión de este magnate, será una ocasión perfecta para mantenerte en la banca dentro de este juego de negocios altamente productivo.

Tom Hopkins

Autor de uno de los libros más importantes en el mundo de las ventas "¿Cómo dominar el arte de vender? Su historia es verdaderamente edificante, con apenas 27 años de edad se convirtió en un completo millonario, y ya a los treinta era uno de los más importantes entrenadores de ventas para bienes raíces en los estados unidos.

Este aporta un consejo maravilloso, *"niegue su ego"*, de acuerdo a la visión de negocio de este fantástico empresario, se debe anteponer la necesidad del comprador antes que los interés de las ventas, dicho de otra manera, no se trata de otra cosa que desarrollar empatía, *"vender es un servicio"* asegura el empresario, de manera que no habría posibilidad de emprender dentro del mundo de las ventas con éxito

garantizado, salvo de entender su misión en tal posición, es un servidor.

Phil Pustejovsky

Este grandioso empresario del mundo de los bienes
raíces aporta uno de los consejos que ya de forma
somera hemos mencionado antes, en primer
término entender todo lo relacionado con la economía, pero además de esto tener un mentor es uno de
los principales consejos del mencionado empresario,
no ahondaremos más en esto ya que hemos hablado
de esto antes.

4

COMO GANAR DINERO EN ESTE NEGOCIO

*E*ste es el punto central de todo este asunto, ganar dinero es el objetivo fundamental de todo negocio, por ello es preciso que ahora pongamos especial atención a las diferentes maneras en las que podemos monetizar a través de este nicho, como es el mundo de los bienes raíces.

Poder hacer este negocio productivo se hará realidad prestando especial atención en cuál es la condición en la que estés iniciando dentro del mundo inmobiliario, la rapidez siempre va a depender de tus propósitos y del nivel de inversión en el cual tengas la capacidad de invertir con el fin de ver todo tu esfuerzo traducido en dinero.

Vamos a analizar primeramente las maneras en que,

de manera normal este negocio puede brindarnos beneficios, vamos a enumerar las tres principales y luego evaluaremos como ya hemos mencionado, las maneras que puedan significar ganancia desde la óptica de tu capacidad de inversión.

- *Ingresos pasivos:* esta es la primera y más practica manera de obtener buenas ganancias dentro de este mercado, se trata de la inversión en algún bien con el fin de alquilarlo y de esa forma obtener un ingreso pasivo cada mes, este tipo de inversión tiene como virtud que lo puedes realizar con cualquier tipo de bienes:
- Viviendas habitacionales.
- Pisos compartidos.
- Pisos de oficinas.
- Lotes de terrenos.
- Parqueaderos para autos.
- Casas o cabañas con fines vacacionales.

Incluso uno de los métodos de bienes raíces que se ha puesto en prueba los últimos años se trata del aprovechamiento de las temporadas festivas de cada ciudad o temporadas vacacionales, que pueden servir para alojar el conjunto de personas que por motivos de las fechas puedan visitar la ciudad en la que se encuentra asentada dicha vivienda.

Este modelo de inversión tiene como uno de sus beneficios que con los gastos del alquiler puedes incluso utilizar el "apalancamiento financiero" con el cual podrás realizar otra buena inversión en el negocio para continuar con la expansión sin tener que comprometer tus ahorros; haciendo un buen negocio y valorizar de buena manera el bien en cuestión podrías incluso generar la cuota para cancelar los costos de la hipoteca.

Podrías realizar esta operación en repetidas oportunidades y de esta manera asegurarte la expansión de tu negocio en el mundo de los bienes raíces.

Otro de los beneficios que aporta este estilo de trabajo en el nicho que nos ocupa, es que genera buena rentabilidad de manera inmediata, y cuentas con un flujo de dinero que te permite honrar tus compromisos bancarios de manera oportuna.

Por otro lado, a diferencia de cualquier otra inversión, el beneficio de esta es que se trata de un rubro que muy difícilmente caiga en un proceso de devaluación, por el contrario el área de bienes raíces va cobrando valor a medida que pasa el tiempo.

- *Bienes de revalorización:* esta se trata de otra maravillosa modalidad para hacer dinero a través de bienes raíces, se trata de hacer un estudio de tu mercado para poder encontrar las propiedades que estén en venta, de acuerdo claro está, a su presupuesto y condiciones de dicho bien, la opción aquí algunos la denominan efecto engorde, comprar a bajo precio, esperar que esta adquiera mayor valor y luego vender.

- *Administración de propiedades:* una manera también muy utilizada para generar ingresos a través del negocio inmobiliario es esta, no se trata ahora solo de la adquisición de bienes, también podrías convertirte en un asesor administrativo y encargarte de todo lo relacionado de gastos y servicios que una propiedad puede tener, como pago de servicios, y monitoreo de asuntos técnicos de la vivienda, tal como servicio de energía, el servicio de agua, etc.

- *Fondos inmobiliarios:* en esta modalidad de trabajo, el inversionista hace lo propio directamente con empresas que se encarga de desarrollar proyectos inmobiliarios a manera de sociedad, luego de que se desarrolle el proyecto obtendrá las utilidades que arroje el proyecto en cuestión, pese a que esto antes era llevado a cabo solo para grandes invenciones como edificios, oficinas u otros, más adelante se consideró también la idea de hacer estas inversiones en el sector vivienda por lo altamente competitivo y el crecimiento exponencial del negocio en la actualidad.

- *Inversión de remates:* esto ya lo hemos hablado anteriormente de forma un poco superficial, sin embargo requiere ser muy resaltado ya que este sistema es muy atractivo por ciertos elementos a considerar.

Uno de los beneficio de este tipo de negocios es que ya el bien en cuestión y su regularización administrativa ha pasado por el banco, lo que significa que ya todos los papeles están al día, esto ahorra un enorme esfuerzo que podría requerir en el caso contrario.

- *Subarriendo de espacios desocupados:* esta forma de negocios te permite sacar provecho de aquellos espacios de tus propiedades que reciban poco o nulo uso, estamos hablando de áreas como garajes, sótano, área de piscina, anexos entre otros, de hecho es una buena manera de iniciar en este tipo de negocios ya que requiere muy poca inversión para llevar a cabo el proyecto y te puede servir como medio de ir liberando tu economía de algunos gastos de manera que puedas ir optimizando tu economía.

- *Compra venta:* evidentemente esta podríamos llamarle "la reina de la casa" es la modalidad quizás más aplicada sobre todo al momento de iniciar dentro de este negocio, en este caso se trata solo de enfocarte en las áreas que puedas identificar como de más alta demanda, y que de hecho se encuentren relativamente cerca de espacios públicos, es preciso ser muy precavido y hacer un buen estudio de los posibles prospectos, además de hacer un justo análisis de las normas que regulan el mercado inmobiliario en el contexto geográfico en el que pretendes llevar a cabo tu proyecto.

5

MITOS Y VERDADES DEL NEGOCIO DE BIENES RAÍCES

Al igual que cualquier aspecto de la vida diaria, el tema de bienes raíces no escapa de alguna serie de quizás prejuicios, o quizás ideas erróneas pre elaboradas en la mente de algunos que podría llevar de manera casi irremediable a elaborar alguna forma de creencias falsas respecto al tema de bienes raíces.

Mientras tanto nos tomaremos un par de líneas para elaborar de manera bosquejada esas posibles serie de ideas falsas respecto al tema de bienes raíces y a su vez ir derribando esas barreras ideológicas que podrían estar causando consecuencias negativas en tu psiquis, respecto a la posible idea de emprender un proyecto o modelo de negocios que incluya la negociación inmobiliaria, veamos en primer lugar los mitos de los que hablamos.

Se necesita mucho dinero

Este es definitivamente la más frecuente, sin duda que requería estar en la primera posición de esta lista, es que uno de los más grandes mitos que podría surgir (y con razón) respecto al tema de bienes raíces es este, y es que la misma apariencia que aporta el negocio es pie para que surjan ideas como las descritas, podríamos decir que de alguna manera podría ser algún tipo de discriminación inconsciente que puede estar generando este negocio.

Resulta que el negocio inmobiliario ha sido como una especie de salvación para muchos, y ha brindado la enorme oportunidad de que muchas personas logren salir de una rutina financiera verdaderamente caótica, gracias al negocio inmobiliario han podido incluso acumular muchas fortunas, a esto me dirijo cuando hablo sobre la posible discriminación, negocio como el inmobiliario que genera tan buenas ganancias de seguro requiere un maletín repleto de dólares para poder formar un buen negocio.

Aunque es cierto que lo ideal sería que aquel que vaya a invertir en el negocio de bienes raíces debería tener un buen capital para poder hacer una buena inversión, siempre existe la posibilidad de poder adquirirlo a través de créditos hipotecarios, desde luego, hay que ser sumamente cuidadoso y asegurarte que la deuda que vayas a adquirir con el banco pueda ser cubierta con los ingresos que genere el alquiler de dicha vivienda o propiedad.

Por otro lado, la infinidad de modalidades que existen para ingresar dentro del mundo de los bienes raíces abren aún más el abanico de oportunidades para que con poco o cero capital comiences a dar pasos necesarios dentro de la industria, y logres así posicionarte dentro de este maravilloso negocio.

Hay que esperar el mejor momento

Esta premisa es una de las más comunes, siempre estar a la espera de que el mercado mejore es el camino que no llega a ningún lado, ya que es evidente que en realidad se trata más de un problema de enfoque que otra cosa.

No es mentira que hay circunstancias en algunos momentos que podrían resultar desfavorable para el negocio de cualquier ámbito, por ejemplo tener en cuenta la salud económica del país, una lectura eficaz sobre los datos económicos futuros, el comportamiento del mercado inmobiliario, sin embargo, más que fijar la atención en la circunstancia, lo correcto debería ser fijarse en la estrategia aplicada para lograr el objetivo deseado.

Pero lo cierto de todo es que nunca es mal momento para ingresar en el mundo de los bienes raíces, ni para pensar en invertir dentro de este sector, en realidad todo va a depender de la estrategia que apliques y sobre todo que dicha estrategia sea la más adecuada para el momento en que pienses aplicarla, de resto podría no ser otra cosa que procrastinación.

El ingreso por arriendo cubrirá todos los costos

Es una observancia un tanto peligrosa de este negocio, sin embargo se tiene que analizar muchos factores en este sentido que pueden ser determinante al respecto, por ejemplo, el tipo de hipoteca que recibes, valor de las cuotas incluyendo la tasa de interés, pero más allá hay que tener un especial cuidado en los pagos extras, no enfocar bien la mirada en cada detalle podría incrementar el número de pagos extras que se te podrían ir acumulando.

Además del crédito hipotecario existen gastos por varios conceptos, como pago de impuestos por la vivienda, servicios y reparaciones constante para evitar el deterioro de la propiedad, servicios públicos y todos aquellos que podrían ir variando de acuerdo a cada situación particular del país donde te encuentres y sus reglas de juego particular para el negocio de bienes raíces.

Pueden existir muchos mitos en este sentido sin embargo queda de cada cual hacer una justa evaluación de cada una de las premisas que se digan, y asumir la correcta posición ante ello, debemos recordar que no siempre algo que la mayoría repite tiene necesariamente que ser verdad, por esta razón no podemos fiarnos de creencias populares y se debe en todo momento ser muy objetivos a la hora de tomar decisiones en el campo de la inversión; ahora veamos algunos principios o verdades respecto al negocio inmobiliario.

La administración de propiedades es clave para la inversión inmobiliaria.

Sin duda que este punto representa una verdadera importancia, cuando hablamos de negocios, inversión con propósitos de crecimiento empresarial, debes darle la mayor seriedad posible al asunto, es decir, no debes tomarte nada a la ligera, debes considerar manejar todo con la mayor seriedad posible.

La mejor recomendación en esta dirección podría ser dejar en manos de empresas especializadas en este ámbito la administración de tu o tus propiedades, ya que estos tienen mucha experiencia en situaciones de riesgos en temas de arriendos, manejan buena cartera de clientes y puede ayudarte a realizar negocios de alta conveniencia para ti, además de esto algo importante es que crean reglas justas para llevar con buenos términos los asuntos de tus propiedades.

La administración de propiedades se trata de un largo proceso

En este orden de ideas, debes tener la conciencia para saber que ingresar en el negocio de bienes raíces no se trata de fórmulas mágicas que te den resultados milagrosos de la noche a la mañana, requieres tener una actitud correcta en este sentido, desarrollar un carácter paciente y sobre todo inteligente es de vital importancia, y esto porque debes tener un plan claro y objetivo que te permita seguir una estrategia con metas y objetivos muy específico y caminar día tras día en función de la consecución de tus objetivos de manera oportuna.

Desde luego, hay que ser claros en que todo esfuerzo brinda buenos resultados, también hay que ser consciente que todo camino emprendido lleva consigo la posibilidad de enfrentar grandes obstáculos, por eso debe estar muy atento y tratar de tener siempre un plan para enfrentar de manera oportuna todas y cada una de las situaciones que podrían presentarse.

Invertir es una estrategia fácil para monetizar

En efecto, siempre será una buena opción hacer inversiones estratégicas que generen buen ingreso, pero además de ello, una inversión en propiedades siempre puede servir como aval para poder satisfacer alguna premura que el negocio tenga, si por ejemplo deseas hacer una mayor inversión por asuntos quizás de oportunidades, una opción viable va a ser vender alguna de tus propiedades para resolver los asuntos económicos.

6

COMPRA DE PROPIEDADES EN VERDE Y EN BLANCO

Un detalle importante a la hora de hacer inversiones en el mundo de bienes raíces como en cualquier otra área está fundamentalmente lo que acabamos de mencionar el capítulo anterior, se trata de tener estrategias que puedan optimizar el proceso de inversión y sacar de hecho la mayor ganancia posible a muy bajos costos, de esto se trata las compras de propiedades en blanco y en verde.

Propiedad en blanco

Esta modalidad puede tener consigo algunos riesgos, pero indudablemente puede significar también una gran oportunidad, aunque monetizar con esta inversión podría darse a largo plazo, la verdad de todo esto es que los beneficios objetivos podría darse inmediatamente y no sería otro que la oportunidad de adquirir a muy bajo costo la propiedad para tu negocio.

Una propiedad en blanco no es otra cosa que el compromiso adquirido ante un proyecto de construcción que está solo por el momento en papeles, pero no es solo el proyecto como tal sino que ya tiene cierto camino recorrido lo que le genera cierto nivel de confianza al comprador, específicamente por lo general se estaría solo esperando la aprobación del permiso de edificación y el inicio del mismo.

Sin embargo pese a los riesgos que podría generar este tipo de compra los beneficios que otorga son verdaderamente atractivos, el primero y más significativo de los beneficios de la compra en blanco podría ser indudablemente la posibilidad de acceder a la propiedad a muy bajos costos, mientras más avanza el proyecto, el valor de la propiedad se va incrementando, de manera que acceder al negocio en las primeras etapas del proyecto te garantizará obtener un buen precio.

Sin embargo esta no es la única ventaja, al comprar en blanco cuando se trata de conjuntos grandes bien sea residenciales, comerciales o del ámbito que sea, el cliente tiene la oportunidad de elegir la propiedad de mejor ubicación, acceso a estacionamientos y ese tipo de detalles maravillosos.

Compras en verde

Por su parte comprar en verde se dice cuando ya la construcción está en proceso pero aún no está terminada, mientras menos avanzada se encuentre esta, más económicos podrían resultar los costos de compra, aprovechar este modo de compra te da además la posibilidad de tener más posibilidad de aprovechar el tiempo para cancelar la primera cuota del crédito hipotecario.

Ambas modalidades podrían traer como ya he indicado la posibilidad traer consigo algunos riesgos como la demora del proyecto, aspectos legales con los permisos, u otro elementos que puedan llevar a detener la obra de manera parcial o total, pero sin duda que los beneficios que contiene son mayores y pueden significar una magnífica oportunidad para iniciarte en el mundo de bienes raíces.

Los beneficios que otorga esta modalidad podrían incluso estar descrito en el apartado de las "compras en blanco" ya que por las características podrían asumir los mismos beneficios, lo único que distancia una modalidad de la otra se trata solo del avance que tenga la obra a la hora de la adquisición, costos bajos, oportunidad de elegir la mejor o más grande casa, la ubicación de la misma, los privilegios por temas de ubicación respecto a parqueo, piscinas u otro elemento que puede significar plusvalía en la adquisición de la vivienda.

7

CARACTERÍSTICAS DE UN EXCELENTE AGENTE DE BIENES RAÍCES

*I*ngresar en este magnífico proyecto, ya hemos dicho en otros capítulos que no se trata de algo improvisado o netamente empírico, por el contrario, todo este negocio está bien estructurado, y existe como casi en ningún otro modelo de negocios, toda un edificio de estudio preparación y consejos que puedan llevarte a cumplir la meta de convertirte en un excelente agente inmobiliario y no morir en el intento.

Por ello hay una serie de cualidades y características que debes tener claras y arrojarte en pos de ella para desarrollar esa capacidad maravillosa de ofrecer y en efecto vender productos inmobiliarios, asegurándote el menor margen de error posible, alguien dijo una vez *"si no estás cometiendo errores es que no estás avan-*

zando, pero si estás cometiendo los mismo errores es que no estas aprendiendo".

La manera más segura de minimizar los errores indudablemente es haciendo todo aquello necesario para desarrollar las cualidades que se requieren para convertirte, no solo en un buen agente inmobiliario, pero más que eso en el mejor agente inmobiliario, nadie nació con la capacidad absoluta de desarrollar de manera espontánea y natural un negocio y garantizarse el éxito rotundo, por lo general y de manera casi absoluta podríamos asegurar que debes prepararte y desarrollar esas cualidades

Desarrolla tus destrezas administrativas

De hecho ya hemos mencionado esto anteriormente, incluso decíamos que la administración de bienes podría ser un largo camino por lo cual había que desarrollar muy bien la paciencia, sin embargo solo será tu buen conocimiento y gran manejo de los principios administrativo que lograras desarrollar e ir acortando los caminos a través de los cuales puedas garantizarte mayor rentabilidad en este maravilloso negocio.

En cualquier tipo de empresa de la naturaleza que esta fuere, el buen procedimiento en el área administrativa es completamente vital, el uso de estos principios podría librarnos de estar improvisando en momentos difíciles dentro de la estructura empresarial.

Uno de los renglones que requiere más cuidado y que podría resultar tener mayor regulación por las estructuras legales de algunos países puede ser este, por esta razón es vital tener en cuenta desarrollar la mayor destreza posible en estos ámbitos para evitar cometer errores en los procedimientos administrativos que puedan más tarde traducirse en pérdida de tiempo y dinero.

Aprende a desarrollar tareas comerciales

Luego de bastante hablar y mucho decir, llegamos a uno de los puntos neurálgicos de este negocio, se trata del arte de vender, todo esto consiste en que sepas posicionar tu producto en el mercado, y puedas crear los medios necesarios para que tu potencial cliente este convencido y en definitiva este convencido que el mejor negocio que él puede realizar es comprar el producto que tu estas ofreciendo.

Entonces, no solo saber de procesos administrativos y realidad del mercado, sino que también es una tarea vital aprender a conocer los pasos necesarios para efectuar de manera exitosa la venta de tus propiedades, esta es la parte divertida de este negocio y es aquí donde surge la magia, el placer de llevar a cabo todo tu potencial para vender de manera exitosa tu producto.

Estas tareas pueden ir desde la forma de establecer contacto con las personas, hasta la plataforma o mecanismo utilizado para mostrar tu producto; el desarrollo de conocimiento en el marketing digital es igualmente vital, pues como ya dijimos antes es uno de los medios más utilizados del momento para acceder a buenos proceso de negocio y comercialización; y todo esto culminaría con la importancia de como cerrar un buen trato de negocio.

Ser atento y buscar nuevos clientes

No solo en el área de bienes raíces, sino en cualquier negocio de cualquier dominio que emprendamos, requiere prestar especial atención en los detalles que por pequeños que parezcan pueden marcar la diferencia y significar la pequeña línea entre el éxito y la pérdida de tiempo, que si no se le aplica el debido cuidado podría significar la bancarrota definitiva.

Como ya hemos mencionado antes, el prestar especial atención en el ámbito administración es de vital importancia, pero ojo, nada llega por sí solo, todo es producto de una serie de conocimientos y destreza de alta importancia para llevar una carrera de verdadero éxito dentro del mundo inmobiliario.

Prestar especial atención en aspectos como por ejemplo, las novedades en asunto de regulación, posibles cambios en las estructuras legales, pero más allá, respecto a tu trabajo dentro del negocio, no puedes quedarte dormido, debes estar pendiente del surgimiento de nuevas empresas en el área y sus estrategias de trabajo, las formas, etc., es que esto podría estar deteniendo el desarrollo de tu propia empresa, poner mucho cuidado en nuevas propiedades, por los medios que estos vengan, es importante contar con colaboradores dentro de las estructuras bancarias que puedan mantenerte informado de posibles subastas, remates y así por el estilo tratar de cubrir todos los flancos que garanticen estar dentro del juego inmobiliario exitosamente.

Importancia de la empatía

Como ya habíamos mencionado antes, ser un vendedor y desarrollarlo de la mejor manera tal y como lo aconsejaba uno de los magnates del negocio de bienes raíces Tom Hopkins, vender bienes raíces

es un servicio, por ello debes enfocarte más en solu-
cionar necesidades de los clientes que en vender,
aunque ciertamente el punto central de este negocio
visto desde tu punto es vender, la otra cara de la
verdad es que desde la óptica del cliente se trata de
cubrir una necesidad y es esa la forma correcta de
ver las cosas.

A la medida que te enfoques más en cubrir su necesidad que en un deseo compulsivo por vender, el arte
mismo de vender se va llevando a cabo solo, la
empatía puede ser tu mejor aliado en el negocio de
ventas de bienes raíces.

Además de todos estos consejos podríamos, si se
quiere, recordar otra serie de aspectos positivos que
ya hemos visto de forma somera, que se pueden
agregar a la lista de cualidades que sin duda requeri-
rías al momento de convertirte en un agente inmobiliario, por ejemplo la buena destreza en el
conocimiento de aspectos legales y/o jurídicos, ya
que como hemos mencionado la regulación de estos
aspectos puede variar de un contexto a otro, tanto
geográficos como del tiempo, una ley puede ser
objeto de reforma así que debes estar muy pendiente
de estos detalles.

Sobre todas estas cosas tu imagen es un detalle

sumamente importantísimo, desarrollar una imagen tanto personal como corporativa de confianza es vital, el mercado debe saber de ti, debe saber de tu honestidad y compromiso dentro de este mercado, para que así puedas asegurarte un éxito indudable en el mundo fantástico del negocio inmobiliario.

El fantástico mundo de los bienes raíces pudo haber está oculto en tus propias narices, es un negocio que podría estar desarrollándose frente a ti, mientras que quizás buscabas con mucho ímpetu en que negocio podrías invertir para salir de la burbuja de la comodidad, y decidir de una vez por todas ingresar en el mundo de los negocios, y no solo por contar con el beneficio de ser tu propio jefe, sino más aun, llevar a cabo el proyecto que podría darle un vuelco definitivo a tu vida y convertirte en una gran empresario, y seguramente de acuerdo a tus propias limitaciones mentales podrías incluso llegar a convertirte en un millonario exitoso, todo depende ti.

La observancia clara de las características maravillosas de este excelente negocio tal y como lo mencionamos en estas líneas, te puede dar luces clara de los beneficios que ofrece incursionar en este fantástico mundo de las ventas, sí, claro está que requiere de una especial atención y una profunda preparación, pero eso en un mundo como el actual, no representaría para nada un obstáculo para una persona que esté dispuesto a desarrollarse dentro del negocio de bienes raíces, por ello podría asegurar entonces que no se trata de un obstáculo para ti.

Sin embargo asegurarte ese éxito del cual hablamos, se hace preciso que te hagas eficazmente consciente de cuáles serían las claves fundamentales para poder triunfar dentro de este mundo, no existe posibilidad de éxito en un negocio que antes no nos tomemos el tiempo preciso para estudiar y dedicar el mayor tiempo posible en su proceso de aprendizaje, como ya mencionamos, se trata de aprender los principios, esos pequeños detalles que son los que sin duda pueden marcar la diferencia entre el éxito y el fracaso.

De todos esos consejos y claves de los que hablamos, una en la que debería estar pensando ya llevar a cabo por ser tan importante es la presencia en el mundo del marketing digital, un aporte importante en esta ocasión seria recordarte que quien no se encuentra en el mundo web en este momento, se dice que "no existe", de manera que debes des conceptualizar tu imagen mental de aquella empresa de stands en un centro comercial y repartir volantitos informativos y tríptico cargados de colores y dibujos interesantes y llamativos.

No estoy de ninguna manera desvirtuando ningún método de marketing, estos y otros métodos podrían ser útiles y aplicables para ciertas campañas pero definitivamente no es la manera en el contexto histórico que estamos viviendo, de llegar más lejos en tu propósito de crecer corporativamente.

Debes entonces prestar especial atención en los consejos que puedan tener para ti en este mundo aquellos expertos que ya tienen un amplio recorrido dentro del fantástico mundo de los bienes raíces, y asegúrate de esta manera cuales son las formas más eficaces de hacer dinero en el mundo inmobiliario, lo opuesto a esto podría ser como un peleador que cierra los ojos y comienza a lanzar golpes al azar, a ver si podría contar con un poco de suerte y atinar algún golpe que pueda darle la victoria, ¡así no se pelean campeonatos!.

Parte de esa buena pelea consistiría, sin duda de librarte de esas ideas que creerías consejos reales y que en realidad podría tratarse más bien de mitos y fabulas que en lugar de ayudarte a salir adelante, podrían más bien ser una suerte de grillos que te sobrecarguen de peso y no te peritan avanzar de forma exitosa, por ello lograr tus objetivos van a depender de tu seriedad a la hora de emprender, considera con mucho cuidado todas y cada una de las palabras mencionadas en este apartado y asegúrate "cómo dominar el negocio de bienes raíces".

MAESTRÍA EN INGRESOS PASIVOS 2020

TU PLAN PARA LOGRAR LA LIBERTAD FINANCIERA PARA JUBILARTE JOVEN, Y JUBILARTE RICO. DESCUBRE LAS ESTRATEGIAS PARA GANAR DINERO EN LÍNEA, INCLUSO SI ERES PRINCIPIANTE Y SIN IDEAS!

INTRODUCCIÓN

Vamos a empezar por la parte interesante y por la que seguro estás aquí: quieres saber si generar ingresos pasivos es eso de ganar dinero sin tener que estar trabajando, sí… es más o menos eso. Es llegar a un punto en el que el dinero comience a trabajar para nosotros y no que nosotros trabajemos para él.

A lo largo de la vida nos esclavizamos al dinero, siempre estamos enfocados en ganar para pagar la hipoteca o el alquiler, pagar los servicios, hacerle algún arreglito al coche, sacar a la familia a pasear, pagar los seguros, comprar ropa, colegios, en fin, todos esos gastos que mes a mes tenemos que cubrir y nos dejamos el alma en ello, así van pasando los años, y un día despertamos viejos, cansados, con enfermedades y tal vez con muchos logros, pero siempre alcanzados trabajando extremadamente duro para poder obtener el dinero. Siendo esclavos de él. Así hay personas alrededor del mundo, siendo esclavas de la moneda y pocos son los que realmente descubren lo que es el ingreso pasivo y más que eso, lo saben explotar para su beneficio. Eso es lo que te quiero enseñar en esta oportunidad, quiero que aprendas a generar ingresos pasivos y cuáles son todas esas fuentes de ingresos disponibles en el mercado, para que sí, trabajes, pero una parte de tu ahorro comience a caminar y no esté estancado en tu cuenta bancaria sin producir.

Si quieres saber el modo en el que puedes generar ingresos pasivos a continuación te lo diré, comenzaré hablándote de lo que son los ingresos pasivos y los tipos de ingresos pasivos que existen. Sean los ingresos donde pones a trabajar el dinero y ves los frutos con el tiempo o cada cierta temporada, así como sucede cuando compras un apartamento y generas dinero con un inquilino que mes a mes te paga por estar allí, ese es un tipo de ingreso pasivo, pero realmente son tantas las opciones con las que puedes ganar dinero que te sorprenderá no haber empezado antes a generar ingresos pasivos.

Aunque generar ingresos pasivos no es decir, lo voy a hacer y ya está, también se cometen errores comunes y uno de ellos es no creértelo, esto es fatal para los ingresos pasivos, porque cómo puedes hacer algo en lo que no crees, así que te mostraré esos errores comunes que cometes cuando buscas que el dinero trabaje para ti pero realmente no crees en ello.

Te diré cómo puedes tener fe en este tipo de ingresos para que comiences a generarlos desde dentro de ti, desde toda la creencia.

Luego te hablaré de los beneficios, que son muchos los que tiene, uno de ellos, el más anhelado de todos es alcanzar la libertad financiera, el poder tener dinero suficiente para hacer lo que siempre has soñado, el dejar algún empleo que tengas y el de no preocuparte más por el dinero, sino tener preocupaciones más de un emprendedor, como el invertir, ganar negocios, acordar proyectos con otros, en fin, una serie tan grande de beneficios que no tienes que hacer más que explotarlos.

Este trabajo lo preparé desde mi propia experiencia, quiero contarte todo lo que me ha resultado y te puede resultar a ti para que comiences ahora mismo a generar ingresos pasivos y lo mejor, que lo hagas con éxito. Si quieres saber cómo hacerlo, te invito a que pases y conozcas todo lo que tengo para ti.

1

¿QUÉ ES UN INGRESO PASIVO?

*A*unque ya en la introducción te di un abreboca de lo que son los ingresos pasivos y de seguro en este momento ya infieres de qué es de lo que hablo, ahora quiero entrar en el tema con un poco más de profundidad. Qué son los ingresos pasivos, todos queremos generar mucho dinero sin tener que trabajar mucho, ese es el gran sueño de aquellos a los que nos gusta el dinero y nos gusta ganarlo honradamente. Pues eso no es tan difícil de lograr.

El término ingresos pasivos se maneja en el mundo de las finanzas y se refiere a generar ingresos sin necesidad de dedicarle tanto tiempo y esfuerzo, no se logra con una vara mágica y no es que los que lo hacemos tenemos un pacto o somos superiores a quienes no, solo descubrimos esta manera de ganar dinero más allá de la conocida manera de hacerlo trabajando duro por 9 horas o más al día de lunes a sábado.

Los ingresos pasivos es entrada de dinero que llega sin que le dediquemos tiempo, es una renta que podemos percibir sin tener una actividad "activa", esto quiere decir sin que tengamos que dedicar un esfuerzo permanente.

La diferencia de los ingresos pasivos de los ingresos activos es que los activos es donde se intercambia tiempo y conocimiento por dinero, en la medida en la que se trabaje pues el dinero va a entrar. Pero con el ingreso pasivo se trabaja al inicio, se encamina el proyecto y luego cada cierto tiempo se genera ese ingreso que llega a nuestras arcas personales. Claro, cada cierto tiempo hay que echarle un ojo para confirmar que todo va marchando a las mil maravillas o para hacerle mantenimiento o ajustes, pero ya está, el dinero se genera sin que tengamos que estar allí comprometidos 24/7.

El dinero no te cae del cielo como si fuera Maná, no señor, tú logras estructurar un flujo de ingresos y llega a tu bolsillo, es como te comenté antes, como el arriendo que se percibe cada treinta días, que nos paga el inquilino.

Algunas de las características de estos ingresos es que se puede escalar, no es que llega una tarifa fija, podemos ganar mucho más, como cuando se es un prestamista, cada interés que paga el deudor es un dinero que podemos prestar y así este nuevo ingreso genera más y más dinero y al final somos grandes prestamistas, escalamos, o sea ganamos dinero de manera pasiva y cada vez podemos ganar más, haciendo casi nada.

Ingresos por tiempo

Cuando te hablo de ingresos por tiempo me estoy refiriendo a actividades donde generas dinero cada cierto tiempo gracias a un pago que te hacen de manera mensual, como el que ya te nombré un par de veces, el alquiler de una casa, apartamento o local.

También el dinero que puedes percibir cuando te pagan intereses por hacerte prestamista y percibes el pago que te hacen las personas, allí tienes un dinero que puedes reinvertir para otros proyectos o para prestarlo más.

Muchas personas viven tranquilamente de estos ingresos pasivos, porque solo lo administran, se mantienen pendientes de que todo marche bien y el trabajo que más hacen es buscar nuevas fuentes de ingresos pasivos para invertir allí el dinero que van a ir necesitando, es una maravilla, una vida idílica que todos soñamos. Bueno, es posible si jugamos bien nuestras cartas.

Otro de los ingresos pasivos por tiempo es que cobres unos derechos de autor o royalties por alguna creación que tengas por allí, puede ser que vendas libros y cada cierto tiempo te dan regalías o te llega el cheque por lo que se vendió ese mes, estás ganando dinero por lo que escribiste y además te sientes feliz contigo mismo porque haces lo que amas, escribir.

Eres un gran artista que genera todo tipo de contenido, entonces generas ingresos porque te pagan por suscribirse para contenido privilegiado, como el tener un canal de YouTube donde seas un coach con muchos seguidores, pero si quieren contenido más condensado y rico, se puede suscribir al canal y pagar una pequeña mensualidad donde tienen acceso ilimitado a otros contenidos, esto es un ingreso adicional pasivo que es muy bueno.

Otro tipo de ingreso pasivo puede ser que eres un empresario que tienes años trabajando duro y viviendo todo lo que es ser un cabecilla de empresa y ya estás cansado, pero puedes ahora ceder un poco el negocio y poner un gerente, este debe cargar con todo lo que implica la empresa y tú tranquilo recibes un dinero mensual, claro dan una vuelta de vez en cuando para que el gerente no te estafe o mal administre y se lleve el negocio al caño, pero al menos tienes un ingreso pasivo mientras descansas un poco de la carga de empresario.

En fin, son muchas las formas de generar ingresos pasivos por tiempo, que llegan sin que tengas que estar tan enfocado en ellos.

Ingresos por resultado

Los ingresos por resultado son otro tipo de ingreso que generas de acuerdo a los logros, ¿te imaginas cuáles son estos tipos de ingresos pasivos? Si no lo sabes te cuento algunos de ellos:

A lo mejor eres un vendedor de seguros y cada año te pagan un dinero que llega por todos esos asegurados que has tenido, es decir además de la comisión que te sudaste al convencer a la persona de elegir el seguro al que perteneces, también recibes una prima anual adicional, esto lo tienen algunas empresas aseguradoras.

Otro caso puede ser que seas un fotógrafo y tengas tus trabajos en esos sitios donde la gente entra y si le interesa la foto la compra y allí ganas dinero, claro te dio un trabajo crear una imagen hermosa y el montarla y configurar la oferta, pero luego te dedicaste a otra cosa y un día voilá, te llegó el dinero pasivo.

Ser un jefe de ventas es también otro modo de ingreso pasivo por resultados, gracias al trabajo en equipo generas ingresos, un ejemplo con una empresa: Herbalife es un tipo de empresa piramidal, entonces generas dinero por cada nuevo vendedor que se sume a tu equipo y de acuerdo a sus ventas tú ganas más dinero, este es un claro ejemplo de ingresos pasivos por resultados.

Otro modo de generar ingreso pasivo por resultado es que comiences a enseñar y dejas un material donde detallado das una clase determinada de cualquier tema, este es subido a plataformas donde es vendido, cada que se venda ganas un dinero por el resultado de la venta.

Así, estos son los tipos de ingresos que puedes percibir por resultado cada que quieras, ingresos pasivos que pueden encaminarse desde hoy.

Ingresos pasivos

A estas alturas donde vamos tú y yo, de seguro tu

mente comienza a volar e imaginarse desde tu contexto cómo puedes comenzar a generar ingresos de inmediato. Es que cualquiera, la primera vez que yo lo escuché quería comenzar a generar dinero ya mismo. Eso es bueno, si en tu mente circulan muchas ideas que piensas "y si…" estás por buen camino, piénsalo bien que pronto tendrás esa idea maravillosa para generar ingresos pasivos en tu entorno.

Personalmente, pienso que lo más importante no es lograr tener ingresos pasivos sin tener que trabajar, sino lo que me gusta es crear un sistema que funcione automatizado y me llegue el dinero sin estar cada día dedicándole tiempo. Esto me dio tantos beneficios y me sigue dando.

Tengo libertad de horarios para disfrutar más de la familia, hace poco casi ni compartía con ellos y me perdía la infancia de mis hijos y abandonaba a mi esposa, ahora no, puedo dedicarles más tiempo y lo mejor, sin dejar de ganar dinero.

Hago lo que me gusta, pienso en proyectos, mi mente está más despejada sin tanto estrés, me siento valorado porque no soy esclavo de un empleo, sino que disfruto de mis labores plenamente.

Contar con un negocio online es la mejor manera para generar ingresos pasivos, aunque esto no es algo que atrae a todo mundo, hay personas que aman tener un empleo y pasan la vida entera sirviendo a otros, esto es la libertad de cada uno, muchos son felices así y es válido, es parte del libre albedrio que tenemos. Pero si no eres de ese grupo y si quieres generar ingresos pasivos, y alcanzar la libertad financiera, pues estás en el lugar correcto.

2

ERRORES QUE DEBES EVITAR CON LOS INGRESOS PASIVOS

*A*hora que ya te he contado lo que son los ingresos pasivos y lo que puede significar para tu vida, a lo mejor si eres un poco escéptico podrías mirar con desconfianza esto que te digo y pienses que no puedes merecer tener este estilo de vida. Te hablaré de los típicos errores que se cometen cuando buscas los ingresos pasivos, comencemos por el de:

No creértelo

Este es el primero. Mucha gente comienza a buscar ganar ingresos pasivos pero no se lo creen, imaginan que es algo que no está diseñado para ellos, cuando en realidad sí, es real, es que es tan bueno y no tenemos la costumbre de ganar dinero sin trabajar que imaginarlo es algo que genera un cortocircuito, lo entiendo totalmente, desde niño nos inculcan que lo que fácil llega fácil se va, que el dinero fácil es el mal habido, pero ya vas viendo que no es así, y más adelante te darás cuenta que hay maneras de poner el dinero a trabajar tanto offline como online y podrás ganar dinero sin trabajar,

Entonces el primer paso que tienes que hacer es que te lo creas, pero con toda la fe. Sabiendo que si empleas las acciones necesarias vas a poder lograr los objetivos que te plantees sin miedos y sin reservas.

Si crees que esto de los ingresos pasivos existe pues es así, es tan real como las deudas y que a fin de mes tienes que pagar una serie de compromisos, así de real, solo tienes que trabajar el mindset y dejar de vivir para trabajar y ahora trabajar para vivir.

No actuar

Está bien, te vengo diciendo que los ingresos pasivos es generar ingresos sin tener que trabajar, pero tampoco es que no hagas nada, los ingresos pasivos no aparecen solos, si así fuera todos tendríamos dinero en nuestro bolsillo y este trabajo no existiría.

Para generar ingresos pasivos se tiene que hacer más

que conocer el concepto y pensar en esa idea genial, ¡Se tiene que actuar! Y eso se logra viendo qué es lo que quieres hacer y empezarlo.

Comienza pensando, allí desde donde estás piensa qué podrías hacer para generar dinero: ¿sabes algo que otros no sepan? ¿Se te da bien escribir? ¿Sabes cantar? ¿Tomas fotografías geniales? ¿Eres un crack en diseño de páginas webs y puedes hacer una web de afiliación?

¿Ya tienes la idea?

Excelente. Ahora tienes que cocinarla, analizarla bien y crear un programa de trabajo para que comiences a ponerla en marcha, ya cuando estás pensando en cómo la puedes poner en marcha estás trabajando en camino a conseguirlo. Luego viene que hagas el trabajo, sí, en esta parte tienes que ponerle un poco de empeño y trabajar un rato, pero te prometo que al final cuando dejes encaminado el proyecto tendrás que trabajar mucho menos.

Pero es importante actuar. He conocido muchas personas, amigos y cercanos y no tan cercanos que tienen ideas extraordinarias pero las tienen en la mente y solo se dedican a contársela a cuanta persona se cruce por el frente pero no son capaces de ponerlas en marcha, solo la ponen a actuar con la lengua pero no con las mano o la mente… eso es tirar talento y siento pena por ellos, la idea es que las ideas se pongan en marcha, si quieres vender ebooks, pues escribe el ebook, corrígelo, diagrámalo, y móntalo en una plataforma, hazle el trabajo de SEO y espera a que comience a generar dinero.

Si quieres vender cursos entonces prepara el curso, hazlo, déjalo listo para su consumo y ponlo en la plataforma donde lo vas a vender y espera.

Si quieres generar ingresos arrendando un inmueble entonces pon el aviso arrienda y espera mes a mes ganar dinero.

Tienes que actuar, hacer lo que sea necesario para que comiences a generar los ingresos pasivos. No puedes esperar a que lleguen solos, jamás sucederá.

No implicarte

Vamos a suponer que ya en este momento encaminaste el proyecto de generar ingresos pasivos y este está caminando y ya generó algunos ingresos que llegaron a tus arcas, estás feliz, puedes decir que es dinero fácil y espera que esto sea algo infinito.

A lo mejor por mucho tiempo el dinero llegará a tus

bolsillos sin problema alguno y gracias a ese esfuerzo inicial, pero esto es como cuando se tiene un auto, no puedes andar con él de arriba para abajo sin darle un cariño, los coches toca cada tanto salir, darle una lavada, mirarle el, aceite, llevarlo a revisiones periódicas, revisar las llantas y hacerle mantenimiento, no es algo eterno que te llevará rodando por todo un continente sin parar solo repostándole combustible y agua.

Bien, algo así es con los ingresos pasivos, no puedes dejar de darle una vuelta a ver cómo están marchando los negocios, si están bien o si necesitan un mantenimiento, por ejemplo, cuando son negocios online por decir un sitio donde compran por medio de afiliación, tienes que revisarle el SEO, revisar que este marche bien, hacerle mantenimiento, actualizar, generar algo de contenido.

Te tienes que implicar en el negocio, ver lo que pasa, el hecho de que no debas estar de 8 a 5 en una oficina no significa que no le mires de vez en cuando, al ojo del amo engorda el ganado, dice un refrán por ahí, y esto es cierto, si eres un empresario que cedió la empresa a un gerente para que la administrara, tienes que ir de vez en cuando a ver cómo van los asuntos.

Si vendes ebooks digitales tienes que revisarlos cada tanto, ver si la gente pregunta, atenderlos, pequeños detalles que no se pueden descuidar.

Si recibes regalías debes revisar cada tanto cómo marcha el negocio si necesita algunos ajustes si se puede generar ingreso de otro modo.

Se tiene que hacer lo que sea necesario, para ello tienes que implicarte, eso es lo que quiero decir. No descuides los ingresos pasivos porque luego puede que estos empiecen a mermar y al final dejen de llegar y tengas que empezar de cero.

Un ejemplo, vamos a suponer que generas ingresos pasivos con criptomonedas, muchas personas viven de esto, pero si no cuidas el negocio, podría generar que al final termines perdiendo porque la moneda fluctúa y pierdes o puedes descuidarte y perder la oportunidad de la vida no invirtiendo en una moneda que va a subir.

Vas a implicarte pero en este caso lo harás a tu ritmo, no estando a merced de las peticiones de un jefe que exige constantemente que le atiendas y le mandes obligaciones, vas es a atender tus negocios, vas a revisar tus sitios webs, darás una vuelta por el inmueble alquilado, verás que los préstamos que has

hecho está al día con los deudores y con sus intereses, en fin, trabajarás de otro modo, de uno más
delicioso y donde se gana mucho más dinero.

Ahora que sabes lo que es generar ingresos pasivos,
los errores que no debes cometer y ya que te voy
metiendo más en materia, entonces te voy a contar
los beneficios que tiene generar ingresos pasivos,
pero eso será en el próximo capítulo.

3

BENEFICIOS DE LOS INGRESOS PASIVOS

*L*ibertad financiera

Ya te he nombrado varias veces esto de la llamada libertad financiera, pero no te he hablado a ciencia cierta de qué se trata, en este punto comenzaré a hablarte de ella.

La libertad financiera también es un concepto que se define como la capacidad de poder dejar de trabajar pero seguir ganando dinero sin que tengas que estar presente de manera permanente en un lugar.

Esto lo logras cuando los ingresos pasivos son superiores a los gastos que tienes mensualmente, es decir te entra dinero que puedes usar para pagar todo e incluso ahorrar, pero no estás trabajando como tal, no tienes que madrugar para ir a un sitio, no tienes reuniones densas, ni que cumplirle a jefes, estás a tu ritmo generando ingresos, eso es la libertad financiera.

La mayoría de las personas son esclavas del trabajo, tienes que estar trabajando todos los días para poder ganar dinero e incluso se hacen adictas quieren trabajar y se sienten mal si no estás sentadas haciendo algo, esto hace que se priven de hacer las cosas que les gusta, pierden de estar con la familia, de gozar, esto es algo que sufre el 95% de la humanidad.

Allí es donde calza esto de la libertad financiera, donde se puede ser libre de trabajar pero generar dinero, lamentablemente esto no se enseña en la escuela, desde que somos niños se nos inculca que estudiemos para ser abogados, licenciados, maestros, ingenieros, profesionales de alto nivel, pero esclavizados a compromisos, no se nos da opción a los soñadores de pensar en que podemos trabajar para generar ingresos pasivos y luego disfrutar de ellos, eso no lo aprendemos en el aula, lo aprendemos en la universidad de la vida, la mejor de todas.

El dinero se mueve de una manera curiosa en nuestra sociedad, porque por un lado tenemos al empleado, el que más abunda:

El empleado es ese que es asalariado, recibe un sueldo, pagos o haberes por hacer determinada tarea. Empleado es desde la persona que reparte el café en la oficina hasta el CEO principal de una multinacional, el político es un empleado del pueblo, en fin empleados son casi todos.

Aquí está siempre el miedo de ser despedido, perder sueldo, no poder ascender, no poder trabajar en otro lado, no poder ir a otros lugares sino estar pegado a un empleo diario. Aquí se pueden tomar meses de licencia pero en esos meses, dinerito no hay.

Otro tipo de persona es el autoempleado, en este se meten a los profesionales, las personas que con su esfuerzo generan dinero y que pueden tener un cartón con un título en la pared o pueden no tenerlo, pero son aquellos que con las habilidades que poseen pueden recibir un honorario. Por ejemplo un ingeniero, un asesor, un médico, taxistas, masajistas, etc.

También se pueden meter a esos pequeños empresarios con negocitos donde están a diario atendiéndolo, el bodeguero, el que tiene el local de comida, el abasto, tiene que trabajar a diario para generar buen dinero.

Aunque muchos desean tener su negocio, este es un

tipo de ingreso donde tienen que estar allí presentes no se pueden ir un año y olvidar la empresa, porque se muere, la quiebran, la estafan, al ojo del amo es que engorda el ganado, ya lo dije.

En esta categoría el ingreso se logra con el esfuerzo propio, si te vas de vacaciones no hay dinero, si te enfermas no hay dinero, aquí no se deja de trabajar nunca y ser autoempleado es trabajar mil veces más, no es el objetivo.

Sigue lo que es el dueño de negocios, estas son las personas propietarias de un negocio, una franquicia, son los que han creado un sistema que trabaja para ellos aunque no estén metidos de cabeza en a diario.

Por ejemplo, las franquicias grandes de comida, farmacias, cadenas de ropa, este tipo de negocios.

Finalmente están los inversionistas, cuando se habla de inversor, la palabra da como miedo y mucha gente le huye porque le da temor perder el dinero que tanto le ha costado ganar. Quienes tienen capital a veces prefieren quedarse en cualquiera de los anteriores puntos pero no se atreven a invertir.

Ser inversor no siempre quiere decir ser arriesgado. Ser inversor requiere de conocimientos que no se aprendieron en la escuela.

Dentro de los sectores donde se puede invertir, están los bienes inmuebles, puedes comprar casas o apartamentos, los automóviles, las acciones, afiliaciones, membresías, libros, entre muchas otras.

Un ejemplo, un autor de un libro recibe cada que alguien compra un ejemplar, un dinero, igual el cantante cada que compran un disco o lo hacen online por alguna plataforma de pago. Esto genera ganancias.

Este sector se distingue porque no necesita del esfuerzo físico para generar dinero, ni necesita estar yendo a trabajar o si no será despedido. Así te enfermes seguirás ganando dinero.

Eso es lo que se llama dinero pasivo y es el que lleva a que se tenga libertad financiera, cuando trabajas en que todos tus ingresos sean pasivos tu vida cambia por completo.

Tienes que entender que si se es empleado o profesional no va a lograrse la libertad financiera, porque los ingresos no son pasivos, puedes ganarte un buen dinero, pero lo ganas porque trabajas duro, es dinero ganado en activos, dependen de tu trabajo.

Si eres dueño o inversor puedes lograr la libertad

financiera, pero es solo si sabes generar los ingresos pasivos superiores a los gastos.

No te preocupes, te diré cómo hacerlo.

Oportunidad de crear tu propio estilo de vida

Otro de los grandes beneficios que ofrece el ser afortunado de tener ingresos pasivos es que puedes tener el estilo de vida que siempre has querido. Lo puedes ir amoldando y te cuento un secreto, uno siempre tiene un deseo de estilo de vida y luego el que tienes es distinto, pero es mejor ese estilo de vida real. Te cuento por qué, a lo que comienzas a crecer en este mundo, maduras un poco, es decir comienzas a ver las situaciones con otros ojos y adquieres muchas lecciones que puedes emplear en tu día a día.

Lo que hagas debe darte la oportunidad de tener el estilo de vida que quieras, con estilo quiero decir que lo que el dinero pueda darte, pero más allá del dinero, el placer de vivir, disfrutar de las cosas que te ofrece la vida, sentirte pleno con lo que sucede a tu alrededor.

Me podrás refutar que un empleo te da mucho dinero y con eso compraste casa y coche y vas todos los años a ver a Mickey Mouse, pero eso seguro se traduce en horas interminables trabajando, perdiendo oportunidades de compartir con la familia, quebrantar la salud, crecer como persona y tantas cosas que se pierden cuando se trabaja demasiado.

Vivir con un estilo de vida bueno es poder darle prioridad a las cosas que verdaderamente tienen valor, lo que llena el alma, escribir esa novela que tienes en la mente hace 25 años, hacer retiros, dedicarte a tareas religiosas, lo que sea que te llene el corazón. Lo mejor de todo esto es que es una decisión personal, el que sea una decisión propia no es que sea algo fácil, para alcanzar la libertad financiera por medio de los ingresos pasivos necesitas trabajar primero, poner a andar ese motor, ya luego disfrutas de los frutos de la siembra.

Te pregunto esto ¿Qué es más importante? ¿Pasar tiempo con la familia o quemarte 16 horas trabajando? ¿La salud? ¿Dónde me dejas eso que amas hacer pero no haces porque no tienes tiempo?

Cambiar ese estilo de vida es un proceso porque además de lograr generar los ingresos necesarios tienes que trabajar la mente, enseñarle que se tiene que modificar, que debe hacer los cambios necesarios para que deje esa realidad y se cambie el ideal, pero si no se sabe cómo es ese ideal entonces no se podrá hacer lo necesario para llegar allí.

Lo primero que se tiene que hacer es lo que es verdaderamente importante, dicho de otro modo, es hacer estos pasos que ayudaran a lograrlo:

¿Tienes clara tu visión de vida? ¿No? No te preocupes, no eres el único muchas personas pasan por eso y es lo más normal del mundo, estás cambiando la mentalidad, es normal que no sepas, a lo mejor nunca habías pensado en eso con seriedad sino era un sueño. Una cosa es querer saber dónde estar y otra muy distinta es tener la mentalidad clara de eso. Vamos a poner como ejemplo a las empresas, en ellas se desarrollan visiones a mediano y a largo plazo, estas dibujan el camino y las acciones que quieren tomar. Por lo general son cosas como ser la empresa que lidere el mercado de…

¿Quién serás en 5,10, 15 años?

¿Cómo quieres pasar el tiempo? Esta pregunta es muy buena y merece que tenga una respuesta ideal, por lo general la gente dice cosas como viajar, leer en la playa, dormir, ejercitarse.

Son actividades que se disfrutan, por supuesto, pero no es algo que se haga todo el tiempo, ¿cómo quieres realmente pasar el tiempo? Hay 24 horas en un día ¿cómo quieres usarlas?

Ganas más trabajando menos

Otro de los grandes beneficios que tiene el ser una persona que genera ingresos pasivos es que comienzas a trabajar menos y a ganar más y así hay muchísima gente, yo soy uno de ellos, trabajo menos pero genero mucho más dinero del que ganaba cuando trabajaba todo el día, vivía estresado, obeso, comía mal, dormía mal, no atendía a mi familia y me sentía mal conmigo mismo, pero desde que comencé a trabajar más por los ingresos pasivos, me siento mejor y las preocupaciones de dinero no son como las veía antes, donde me preocupaba por llegar a final de mes para cumplir con los pagos fijos, ahora mis preocupaciones son distintas, aunque más que preocupaciones son procesos donde siempre estoy evaluando cómo generar nuevos ingresos pasivos. Por eso quiero en el otro capítulo enseñarte a generar ingresos pasivos, vas a ver cómo en tu entorno de vida hay ingresos pasivos que puedes explotar y aprovechar.

4

PASOS PARA GENERAR INGRESOS PASIVOS

Crea algo que genere ingresos

Ahora que tenemos en mente lo que es esto de generar ingresos pasivos, y ya se va teniendo clara la idea de lo que esto significa para nuestra vida, viene la gran pregunta ¿entonces qué hago para generar ingresos? Tienes que crear algo que genere ingresos y para ello necesitas dedicarle un tiempo a mirar tu entorno.

¿Qué haces ahora mismo?

A lo mejor tienes un ahorro en el banco, ¿por qué no poner ese dinero a producir? Dependiendo de la suma será el proyecto. Puedes empezar por invertir en acciones y esperar el retorno de inversión con una ganancia.

Escribe un ebook y publícalo, si es que cuentas con este don, o puedes pintar y hacerlo no como hobbie sino como profesión y buscar colocar obras a consignación.

¿Tienes un conocimiento que otros no? A lo mejor sabes hacer algo que otras personas no sepan, puedes grabar un curso y venderlo por internet.

Son muchas las opciones que tienes para poder generar ingresos constantes y pasivos, solo tienes que fijarte en el entorno y en ti mismo, ver lo que sabes hacer y sacarle provecho a eso dejando que el dinero trabaje para ti.

En internet hay una infinidad de oportunidades, más adelante te voy a contar cómo generar dinero con ingresos pasivos a través del internet.

Pero ahora mismo puedes hacerte la pregunta de qué sabes hacer y qué te gusta ¿no sería maravilloso vivir de lo que sabes hacer en vez de trabajar en un empleo para otra persona? Pues eso es posible y lo logras dedicando un rato a analizar qué puedes hacer.

Conozco muchas personas que comenzaron vendiendo libros por internet, obras propias, las suben a Amazon y las venden y ya tienen a la fecha muchos libros y todos los meses le generan dinero pasivo, la persona se siente totalmente feliz consigo misma y anda escribiendo más, ha cumplido el sueño de vivir de la escritura, ingresos pasivos que además le generan placer porque se siente feliz de hacer lo que hace.

No hizo magia, solo creyó en su trabajo y apostó por él, ahora tiene un ingreso pasivo mensual que le ayuda muchísimo.

Céntrate en un público objetivo

Te he mostrado muchas opciones que puedes emplear para generar ingresos pasivos, pero aquí vamos a ser cuidadosos; esto te lo digo así porque seguro esta información la van a ver muchísimas personas y cada uno tiene su propio gusto. El que te nombre varios temas no significa que vas a cantar y a vender música, escribirás libros, venderás cuadros, te harás prestamista, montarás un blog, todo a la vez, no. Porque te aseguro que al final tirarás todo y te sentirás frustrado. Así no se hacen las cosas.

Vamos por partes, comencemos por centrarnos en que generes dinero con un solo objetivo, un público, la persona que compra libros no es la misma que va a comprar tus canciones o que comprará en tu tienda online, puede que lo haga, claro, pero no es el público objetivo, si te enfocas en un nicho podrás dar todo en él y luego cuando se empiece a generar el ingreso, se hará con ese público, cuando lo encamines, entonces puedes apostar a otro nicho.

Lo que quiero decirte es que hagas una cosa a la vez para que no pierdas el enfoque y obtengas mejores resultados.

Quienes logran obtener ingresos pasivos desde distintos frentes lo consiguen porque se enfocan en uno a la vez y así invierten toda la energía en cada uno y luego van mudándose a otros.

Atrae a tu público (Propuesta Única de Valor)

Cuando se habla de la propuesta única de valor se habla de lo que es la idea, lo que se hace para posicionar el negocio o lo que vayas a hacer. Es eso que haces para que una persona te contrate o compre a ti en vez de al otro.

Esto de generar ingresos pasivos es un negocio, tienes que generar ese dinero y eso lo haces con propuestas atractivas que la gente desee comprar.

La propuesta única de valor te permite que seas distinto a los demás, te genera un enfoque en el cual te diriges para lograr los objetivos que quieres alcanzar.

Tener la propuesta única de valor es un trabajo arduo que exige que conectes con eso que realmente quieres mostrar, pero una vez que lo consigues el resto del marketing se te va a hacer más fácil porque es un camino que ya conoces y en el que te sientes cómodo.

Este es el punto de partida que harás para poder sacar ese producto o servicio con el que deseas ganar dinero en pasivo.

Si no tienes ni la más remota idea de cómo hacer la propuesta única de valor, no te preocupes, te dejaré algunos consejos para que la hagas no solo para ese primer proyecto de ingresos pasivos, sino para todos los que vas a emprender a partir de ahora.

Lo primero que te tienes que preguntar es ¿por qué deben hacer negocios las personas contigo en vez de con otras personas?

¿Qué hace que eso que ofreces sea distinto a lo que ofrecen los demás?

¿Qué garantizas que los demás no pueden garantizar?

Ahora te corresponde afinar la propuesta desde fuera a través de los ojos de los posibles compradores, esto es algo difícil, cuando se trabaja a diario en el negocio como lo hacen muchos emprendedores, pero es también una ventaja porque tienes acceso a esa fuente de información.

La mejor forma de encontrar una propuesta única de valor es escribiendo, escuchando, hablando. Es conectando con ese mercado al cual quieres llegar, con ese nicho.

Puedes empezar tomando unas ideas que tengas ahora y conversarlas con esos que crees que pudieran ser tus clientes ideales y ver la reacción en ellos. Cuando des con el ideal lo sabrás por los mismos posibles compradores, ese es el que vas a usar.

Un buen paso para resumir y comunicar la propuesta de valor es que se cree la descripción del negocio, una buena descripción comunica así lo que montes en el medio que lo hagas podrá causar un impacto y es un dinero que comienza a llegar constantemente.

No es lo mismo un dinero pasivo que llega constante, que uno que llegue de vez en cuando, cuando estás de suerte y alguien compra eso que vendes. Si vas a generar ingresos pasivos tienes que hacerlo bien, encaminar ese negocio y dejarlo andando casi solo.

Mantén una buena atención a tus clientes

Está bien que te he dicho que tienes que dejar el negocio andando solo, pero esto no significa que me abandones a los clientes, por supuesto que no. Tienes que tener acceso a la información que publican estos, si preguntan algo, por ejemplo, estás vendiendo un curso de Word 2010, y algún usuario te pregunta en esa plataforma donde lo ofreces que si ese curso trae una sección con ejercicios o si explican cómo conseguir atajos de teclado o cualquier cosa que pregunte el cliente. Tú tienes que atenderlo, escribirle con atención y decirle incluso algún otro beneficio que tenga ese curso, para invitarlo a que lo compre y así generes un ingreso adicional por ese gran trabajo que estás haciendo.

Sea que vendas cursos, que tengas libros en Amazon, que vendas canciones, fotografías, lo que sea que tengas, el cliente es el rey y toca atenderlo siempre para que este oferte y genere otro ingreso pasivo.

Con el ingreso pasivo no trabajas, bueno, no de

lleno, pero si tienes que vigilar que todo marche bien y hacer algún trabajito como atender al cliente cuando corresponda.

A lo mejor luego el trabajo es tan bueno con muchos ingresos pasivos y la gente va a preguntar tanto, entonces para que no asumas un trabajo atendiéndolos, puedes darle empleo a un community que atienda a los clientes, de esta manera sigues generando dinero en pasivo y mantienes contentos y atendidos a los clientes.

Actualiza tu producto

Respecto a los productos también hay un tema. Tomo el ejemplo de los cursos. Eres una persona sabia que tiene muchos conocimientos, redactaste un curso maravilloso que vendiste por internet, es una preciosura, lo vendes como pan caliente, pero de repente comenzaste a ver que ya no se vende igual y un día dejó de venderse.

Tienes un buen trabajo de SEO y el trabajo tiene buenos comentarios ¿qué pasó?

Simple, ese curso maravilloso que hiciste es de Windows 98, ya hay como veinte versiones nuevas, te desactualizaste.

Ahora tienes que hacer un curso de Windows del que está en el momento en el mercado. Con esto te quiero decir que los productos se actualizan, algunos son no perecederos, como un libro, fotografías, pinturas, pero incluso estos a veces toca cambiarlos, porque ver allí lo mismo siempre, puede aburrir, en cambio, si hay dinamismo, si actualizas y promueves que se vendan otras cositas, ganarás más dinero, aumentas las posibilidades de compra porque los que te siguen verán que tienes novedades y alguno compra algo.

Tienes que actualizar los productos en todos los ámbitos, si tienes una tienda online, debes revisar constantemente, lo de moda ahora es vender productos de Amazon, estos productos caducan y se van vendiendo, hay que revisar, actualizar y estar pendiente del sitio.

Por ejemplo tienes un sitio donde vendes taladros inalámbricos, a lo mejor la marca sacó un nuevo modelo de taladro, tienes que hacerle su guía y publicarlo porque ese taladro los amantes del rubro de seguro lo buscarán y si lo tienes en tu sitio web entonces te lo comprarán.

A eso me refiero cuando te hablo de que actualices los productos.

5

TIPOS DE INGRESOS PASIVOS E IDEAS

*H*ay una gran variedad de tipos de ingresos, te quiero mostrar los principales con los cuales puedes tener dinero que llegue en pasivo, te hablaré brevemente de cada uno de ellos.

Ingresos residuales

Los ingresos residuales son esos que te llegan por un dinero que queda de la ganancia de venta de algo o cumplimiento de metas, la variedad es amplia, pero te mostraré los que son más relevantes en este medio.

Escritor de una novela

Puedes escribir una novela, un libro de cuentos, un

poemario, un ensayo, un libro de no ficción. Cualquier tipo de libro, en este caso se mueve en dos terrenos, por un lado está el tener la suerte de ser editado por una editorial donde no pagaste porque te imprimieran el libro, sino que ellos tomaron el texto y te pagan unas regalías por este.

A lo mejor si es una editorial grande te dan una suma que corresponde a un adelanto de las ventas, digamos que para los primeros mil ejemplares.

A lo mejor tu libro es la novela del año y se venden 5 o 10 mil ejemplares, vas a seguir recibiendo dinero por esas regalías y vas a vivir la maravillosa vida de un escritor de gira con su obra y el respaldo de un sello editorial.

Ahora está el otro lado de la moneda, el de ser un escritor autopublicado que monta su libro en una plataforma, digamos que Amazon, allí comienza a generar ganancias desde la venta del primer ejemplar, Amazon por supuesto se queda una parte y tú percibes un ingreso, este lo delimitas tú cuando montas el libro y pones el precio, allí sale la ganancia que vas a tener.

También con Amazon puedes vender libros en papel e igual tienes una ganancia. Esto fue visto con malos ojos por años, pero no es así, hay tesoros literarios en Amazon y una amplia comunidad de escritores que se hacen llamar escritores indie, entonces este es un buen modo de generar dinero en pasivo, escribiendo, como te nombré antes, conozco muchas personas que ganan dinero de esta manera y ganan muy bien.

Agente de seguros

Antes lo nombré, al principio, los agentes de seguros pueden generar un buen ingreso gracias a las ganancias que deja anualmente por las regalías de lo que pagan los clientes que ha afiliado ese año. Esta es una manera de generar más ingresos.

Además es algo que va en suma, porque a lo mejor vendes ahora, genera una cantidad de ingresos, pero lo que ha vendido en el año en curso se suma para el otro pago, es un pasivo que va llegando en la medida en la que vayas generando seguros a clientes.

Profesor de curso online

Si tienes conocimientos que depositaste en cursos que vendes online son ingresos que llegan con frecuencia en la medida en la que vas vendiendo el curso, cada que una persona compre ese curso y aprenda de ti, ganas dinero y seguro recomendaciones para más compras.

Lo interesante de los cursos es que puedes hacer varias versiones o venderlo de acuerdo a lo que estés haciendo, por ejemplo puedes vender un curso de fotografía, entonces en una es un curso para exteriores, otro para interiores, uno para fotografías comida, fotografiar personas, hacer fotos de noche, en fin, las opciones son muy amplias, cada curso te generará una ganancia cada que los interesados lo compren, esto te deja una ganancia y si le haces un buen trabajo de Social Media entonces de seguro lo venderás constantemente y será un ingreso pasivo con doble premio: ganas dinero y te posicionas como un maestro líder en la materia.

Fotógrafo

Los fotógrafos tienen un don para convertir una imagen en una obra maestra, a través de un lente. Estos tienen la ventaja de montar sus imágenes en sitios donde los interesados entran a verla, entonces por ejemplo, crean un portafolio del fotógrafo Carlos Vega, que eres tú, por ejemplo. Allí colocas toda la serie de fotografías con las etiquetas correspondientes al tema de la imagen y las personas que quieran imágenes de propiedad, entran y si les interesa la compran.

La manera de hacerlo es en páginas especializadas que sirven de mediador, es un ecommerce pero de puras fotografías, cuando una se vende el sistema gana un porcentaje y el fotógrafo otra.

Dentro de este mercado hay de todo, algunas páginas se quedan con una buena porción del dinero, pero están bien posicionadas lo que aumenta la posibilidad de venta.

Otras páginas no tan bien posicionadas dejan un 50 o 60% de ganancia, todo depende siempre del lugar donde se coloque y los objetivos que se tengan, pero se puede generar dinero con las fotografías sin trabajar mucho en lograr la venta.

Ingresos apalancados

Estos son los ingresos que se perciben por medio de un trabajo en equipo o donde interfieren además de tu talento otros elementos que ayudan a que ganes, te cuento la dinámica de cada uno de ellos.

Red de afiliados

La red de afiliados te la he nombrado ya algunas veces. Te pondré un solo ejemplo para no extenderme, regresemos al sitio web de afiliación que genera ingresos por vender taladros inalámbricos.

El sistema funciona así. Tú creas un sitio web, lo configuras para que sea un sitio de ventas por afiliación, sigues los procedimientos para que Amazon te genere el permiso para vender sus productos, eliges los productos, que sean de un mismo rubro, no vas a vender taladros y peines de perros, si vendes taladros es solo taladros.

Ahora escoges los taladros que vas a vender y les generas una entrada con una guía de compra donde hablas del producto y además el link de compra en diversos sitios, así los clientes verán se interesaran y le darán clic, de este modo llegarán a Amazon y allí concretarán la compra, cuando lo hacen entonces tú te ganas una comisión.

Es fácil, claro, dinero que llega sin que hagas nada, pero esto exige que diseñes un sitio web de valor, con un buen posicionamiento, para que cuando un usuario ponga en Google "taladros inalámbricos" aparezcas de primero y aumentes la posibilidad de venderle la herramienta. Eso es una red de afiliados.

Equipo de ventas

Los ingresos pasivos por equipo de ventas son aquellos ingresos que ganas por comisiones gracias a las ventas de los otros del equipo.

Es como el ejemplo que te di de Herbalife, donde generas ganancias por los vendedores que están por debajo de ti, los que reclutas luego de tu llegada y pertenecen a tu equipo, muchos de ellos venden y tú ganas y cuando ellos afilian a otros tú ganas aún más y así te llegan ingresos pasivos sin que hagas nada, porque son producto del trabajo de ese vendedor.

Esto no pertenece solo a Herbalife, en el mercado de ventas los equipos se manejan así, vendiendo de manera piramidal, para que todos ganen desde el primero de la lista hasta el último.

Es una de las maneras más interesantes de ingreso pasivo en este ramo, aunque aquí se combina el trabajo que haces como vendedor, con el ingreso pasivo que recibes por los demás.

En este tipo de ingreso también se incluyen esos bonos especiales que llegan cuando se cumplen metas, si el equipo de vendedores que tienes ganó tal suma puedes tener un bono especial que no esperabas y llega sin que hayas hecho nada recientemente.

Franquicias

Cuando logras tener una franquicia que se posicione, es una manera de generar ingresos pasivos mientras vas viendo tu cadena en nuevos sitios, vamos a imaginar que tienes una franquicia que vende café, ésta la tienes tú que eres casa matriz, pero la vendes a otros, las personas vienen y la compran y ellos la ponen en sus locales, la ponen con la filosofía de negocio que tienes y para obtener esa franquicia ellos te pagan una suma, pero además de esto cada franquicia tiene que pagarte anualmente una prima de acuerdo al número de ventas que tengan anualmente.

Entre más franquicias vendas más dinero ganarás. Los precios de las franquicias son variados, algunos cuestan algunos cientos de euros y otros millones, depende del tamaño de la franquicia y la garantía de retorno que tenga.

Lo mejor de todo es que no inviertes nada, solo das permiso de que usen tu concepto y el que te lo compre tiene que ponerlo en su local instalar, acondicionar y pagar servicios, mantener el negocio, todo, además si vendes café con una receta determinada le puedes vender los ingredientes, más ganancia.

6

EMPRENDIMIENTOS DIGITALES
PARA OBTENER INGRESOS PASIVOS

*M*arketing de afiliación

Este es uno de los tipos de marketing basados en lograr resultados. En este caso el anunciante no paga por impresiones o clics, sino por los resultados que se logran.

El sistema funciona así: el sitio web que se llama afiliados pone en su sitio los anunciantes por medio de publicaciones de anuncios y promociones, en estos se pueden vender productos de empresas, hosting, cursos de manejos de redes sociales y una infinidad de productos y servicios.

Para estos casos entonces los afiliados ganan una comisión cuando un usuario entra en la web y hace la compra, pero lo hace pulsando en el enlace y cumpliendo con un formulario de registro.

Este es un modo de generar ingresos pasivos, donde el trabajo duro es al inicio que se crea el sitio con un buen SEO luego corresponde cada cierto tiempo hacerle un cariño al blog para mantenerlo en óptimas condiciones para su uso.

Vende cursos o servicios pasivos en un blog

Los cursos son una increíble forma de generar ingresos, porque los puedes vender a través de un blog, la manera de conseguirlo para que no tengas que hacer mucho es que automatices todo.

El usuario llega al blog que cuenta con todo el sistema para que tenga un excelente SEO que atraiga mucho tráfico y posteriormente allí elige el curso o los servicios que ofreces y lo puede pagar por medio de una pasarela de pago donde concreta todo el proceso sin que participes directamente, ya luego se concreta haciéndole llegar el curso o el servicio dependiendo de lo que estés vendiendo.

Los servicios pasivos son una manera ideal de generar dinero sin que tengas que emplear demasiado tiempo en cumplirlo.

Vende cursos en plataformas

Si eres una persona con amplio conocimiento puedes hacer uso de las muchas plataformas posicionadas para vender cursos. Cuando eres propietario de un contenido de enseñanza no tienes que casarte con una sola plataforma, puedes usar diversas para llegar a múltiples usuarios que se interesen por el contenido que ofreces.

La ventaja de vender los cursos en plataformas posicionadas es que llegan a muchísimos más interesados en hacerse de ellos, no es lo mismo que estar en plataformas que no aparece en los primeros lugares, ahí te corresponde hacer un trabajo de SEO para que el sitio gane las primeras posiciones y ya luego lo vendes, pero si lo vendes en un ecommerce ya posicionado solo es hacer una publicación atractiva, ponerle las etiquetas correctas y esperar a que comiencen a hacerse las ventas.

Lo excelente es que puedes generar ingresos desde diversas fuentes con la venta de tus cursos.

Vende tus creaciones en marketplaces

¿Eres un artista que hace diversas obras? Ya no tienes que dejarlas en casa esperando que algún día alguien las compre. Hay marketplaces para que vendas tus creaciones y en este caso no me refiero a que vendas pinturas y obras de escultor, sino para cualquier tipo de creación, si amas tejer, puedes vender tus trabajos. Las opciones son muy amplias, puedes vender creaciones para un nicho en específico.

Por ejemplo, los que son amantes de Minecraft, tienen un marketplace donde pueden vender productos como aspectos de personajes, mapas detallados, construcciones, texturas y todo lo que tiene que ver con este juego.

Como puedes ver se puede vender lo que sea con tus creaciones. Hay páginas donde puedes vender todas tus manualidades como Etsy, puedes abrir una tienda personal para que vendas todos los productos, Etsy ofrece una serie de ventajas y es la web donde puedes vender muchos productos y cuenta con muchas categorías.

Ezebee es otra plataforma muy útil, también tienes a Amazon handmade que tiene una gran cantidad de productos hechos a mano, qué mejor que usar a Amazon pero en esta sección.

Puedes explorar todas las opciones de marketplaces y elegir aquella que conecte con tus creaciones.

Publica ebooks

Ya este tema lo toqué antes pero ahora te lo profundizo un poco más, puedes publicar libros en una plataforma sólida como KDP Amazon, donde lo montas y accedes a una opción de venta de libros donde puedes generar dinero sin hacer mucho trabajo.

Muchas personas viven de colocar libros en Amazon, les hacen un buen trabajo de SEO y posteriormente comienzan a generar ventas, entonces si colocan muchos libros y todos suman ingresos de ganancias de manera pasiva al final se genera bastante ingreso.

Lo bueno con los ebooks es que a medida que se hacen ganancias constantes y ventas la misma plataforma va posicionando el libro en los primeros lugares lo que aumenta la exposición, ya que los interesados se dejan guiar por esta posición y lo toman como que es bueno porque está en los primeros lugares y esto aumenta las ventas.

Esto de publicar ebooks es un buen negocio donde con poco trabajo dejas trabajando una máquina que puede dar ganancias constantemente.

Monetiza una web con Adsense

Si no sabes cómo hacerlo te cuento rápido cómo puedes generar ingresos con tu sitio web. Esta es una de las opciones más conocidas para monetizar un sitio web colocando anuncios en Google Adsense.

Hay varias formas de monetizar el sitio web, pero en esta ocasión te quiero contar cómo hacerlo con esta estrategia. Es un modo de ganar dinero online por medio de esta fuente de ingresos, estos provienen de los clics que se dan en los anuncios.

Muchos han visto que se puede ganar dinero online por medio de esta fuente. Los ingresos llegan por los clics que dan en los anuncios. Adwords es la plataforma de pago por clic de Google, cuando haces publicidad el anunciante cancela la palabra clave y se enfoca en las campañas.

Para que tengas una idea de qué es de lo que te hablo, ponle cuidado a este ejemplo:

Si en Google Adword un anunciante paga 5 dólares por la palabra clave "libros online", Google Adsense paga más o menos el 68% de esa palabra.

La manera de hacerlo es abrir la cuenta en Google Adsense, esto es algo que roba apenas unos minutos de tiempo.

Luego cuando el sitio web sea activado se podrá conseguir el anuncio publicitario para incluirlo en la página web. Se puede insertar el código en las páginas como desees.

Con esto comienzas a ganar unos centavos, o dólares por cada clic, cuando alguien entre al sitio y le vaya dando clic en los anuncios en cualquiera de tus páginas web comienza la ganancia.

No es aconsejable que hagas tú mismo los clics ya que esto dejaría como resultado una penalización e incluso la suspensión de la cuenta. Además el dinero que ya hayas acumulado se perderá.

Mira las estadísticas, los ingresos en Adsense se pueden monitorear cuando quieras solo ingresando a la cuenta. Es importante que sepas que hay factores que afectan el desempeño del sitio y los ingresos de Adsense que ganas.

Esta es una práctica común, cuando un sitio comienza a ganar dinero la tendencia es que el dueño desee ganar más, esto es algo que toma un poco de tiempo, pero al final genera resultados.

Crea un canal de YouTube

Los canales de YouTube son una buena estrategia

para generar dinero, muchas personas hacen un trabajo de montar videos de diversos temas que comienzan a generar visitas que cuando están en un punto alto pueden dar dividendos, de este trabajo arduo han salido youtuber que han trascendido a otros escenarios, pero también es una manera de mantener videos que las personas ven a diario y se monetizan.

Las normas de YouTube para monetizar los videos exige una cantidad de suscriptores más una cantidad de vistas en los videos, cuando se cumplen estas normas ya se puede empezar a monetizar y por cada vez que miren el contenido se comienza a generar más ganancia.

Si tienes talento para hacer videos pues la red social audiovisual YouTube podría ser una gran alternativa para ti.

Dropshipping

El dropshipping es un método para ganar dinero que da buenos dividendos hoy en día. Es un método de envío y entrega de pedidos minoristas en el cual no se necesita que la tienda tenga los productos que vende ya que la tienda que vende el producto lo compra a un tercero quien se encarga de enviarlo al comprador.

En este caso tú nunca ves el producto, pasa de vendedor a comprador y tú eres una especie de mediador.

La diferencia entre este modelo y el estándar es que el vendedor o sea tú, no necesitas contar con lo que vendes, en vez de eso lo compras según sea necesario, por lo general lo compras a un mayorista o fabricante, y este completa los pedidos.

Social trading

Cada día es más común ver a personas practicando el social trading. Ya sea porque quieren sacar rendimiento al dinero que tienen o porque se quieren dedicar a esto de manera profesional.

El desarrollo de las nuevas tecnologías y la conexión a internet ha democratizado el acceso a este campo de inversión y ahora cualquier persona lo puede hacer.

Una comunidad de trading funciona similar a las redes sociales como Facebook pero en vez de compartir las historias personales, los integrantes debaten y hablan de trading, empero, en este caso se pueden dividir a quienes están en la red en dos tipos: quienes proveen señales o profesionales que comparten su operativa y los seguidores de estos quienes buscan asesoramiento y estrategias para ganar.

¿Estás animado a empezar a buscar los ingresos pasivos? Ya ves que aunque es un camino que logra una buena libertad financiera, el iniciarlo implica que tienes que trabajar un poco, pero es como todo, se comienza dando los primeros pasos y posteriormente poco a poco vas creciendo.

Pero lo bueno es que el esfuerzo dejará los frutos y al final andarás solo, comienzas gateando, arrastrándote como los bebés, pero al momento en el que crezcas podrás hacer inversiones de ingresos pasivos más grandes.

A lo mejor comienzas con un ebook, uno solo, que te da unos dolaritos cada tanto, luego pasas a una web de afiliación que genera otro poco de dinero, sigues trabajando, ahorrando, reinvirtiendo y puedes generar otros proyectos más grandes donde ahora pones un fondo de inversión, es un trabajo de hormiga, una construcción donde con esfuerzo al final estarás buscando dónde invertir un dinero y te preocuparás porque tienes un dinero parado en el banco que no sabes dónde invertirlo porque estás en todo. Esas preocupaciones son buenas, saber dónde poner la plata porque es tanta que no sabes qué hacer con ella.

Pero eso lo consigues con trabajo duro, con esfuerzo, con dedicación, hacerlo requiere de enfoque y saber que debes cambiar esa mentalidad a generar ingresos pasivos y dejar de ser un empleado que trabaja doce horas al día de lunes a viernes, ahora te haces una persona que trabaja pero en lo suyo, buscando ingresos pasivos para seguirte dedicando a otras áreas.

Los ingresos pasivos son un modo de vida que una vez que lo pruebas no lo dejas, porque es muy satisfactorio comenzar a recibir dinero por algo que se hizo hace un tiempo, por ese ebook, por esa artesanía que se está vendiendo en un marketplace, por ese curso que está publicado, cuando el dinero comienza a llegar desde diversos frentes estoy seguro de que buscarás cada día tener más ingresos y al final haces vida solo con los ingresos pasivos y dejas de buscar esos ingresos activos estando a merced de la voluntad de jefes o compromisos de horarios en una empresa.

Espero que este trabajo te haya servido para conocer las inmensas posibilidades que brinda el ingreso pasivo, que hayas comprendido lo que significa y aclarado esas dudas, además que de los pocos ejemplos que te di alguno te sirva para que comiences desde hoy mismo a generar esos ingresos pasivos en tu vida y comiences a transformarla para siempre, porque recuerda esto, cuando cambias el modo en el que percibes la economía, no lo haces solo para ti mismo, sino para todos los que te rodean, los hijos, la esposa, los padres, todos, pero más que darles un mejor estilo de vida, le vas a enseñar a generar mejores ingresos.